NOTAS DE UM FILHO NATIVO

JAMES BALDWIN

Notas de um filho nativo

Tradução
Paulo Henriques Britto

COMPANHIA DAS LETRAS

Copyright © 1955 by James Baldwin
Copyright de "Black Body" © 2014 by Teju Cole. Publicado com permissão da The Wylie Agency (UK) Limited.

Grafia atualizada segundo o Acordo Ortográfico da Língua Portuguesa de 1990, que entrou em vigor no Brasil em 2009.

A editora agradece a Heitor Augusto pela colaboração.
O ensaio "Um corpo negro", traduzido por Alexandre Barbosa de Souza, foi publicado originalmente no n. 26 da revista *serrote*, de julho de 2017 (Instituto Moreira Salles).

Título original
Notes of a Native Son

Capa
Daniel Trench

Foto de quarta capa
Granger/ Fotoarena

Preparação
Leny Cordeiro

Revisão
Huendel Viana
Angela das Neves

Dados Internacionais de Catalogação na Publicação (CIP)
(Câmara Brasileira do Livro, SP, Brasil)

Baldwin, James, 1924-87
    Notas de um filho nativo / James Baldwin ; tradução Paulo Henriques Britto. — 1ª ed. — São Paulo : Companhia das Letras, 2020.

    Título original: Notes of a Native Son.
    ISBN 978-85-359-3376-5

    1. Afro-americanos – Direitos civis 2. Afro-americanos – Condições sociais – Até 1964 3. Baldwin, James, 1924-1987 4. Estados Unidos – Relações raciais I. Britto, Paulo Henriques. II. Título.

20-40031   CDD-305.896073

Índice para catálogo sistemático:
1. Afro-americanos : Estados Unidos : Sociologia :
    Ensaios   305.896073

Cibele Maria Dias – Bibliotecária – CRB-8/9427

[2020]
Todos os direitos desta edição reservados à
EDITORA SCHWARCZ S.A.
Rua Bandeira Paulista, 702, cj. 32
04532-002 — São Paulo — SP
Telefone: (11) 3707-3500
www.companhiadasletras.com.br
www.blogdacompanhia.com.br
facebook.com/companhiadasletras
instagram.com/companhiadasletras
twitter.com/cialetras

Sumário

Introdução — Edward P. Jones 7

NOTAS DE UM FILHO NATIVO

Prefácio à edição de 1984 19
Nota autobiográfica 29

PRIMEIRA PARTE
O romance de protesto de todos 39
Muitos milhares de mortos 50
Carmen Jones: negro, mas nem tanto 72

SEGUNDA PARTE
O gueto do Harlem 83
Viagem a Atlanta 100
Notas de um filho nativo 112

TERCEIRA PARTE
Encontro à margem do Sena: negros e pardos 143
Uma questão de identidade 151

Igualdade em Paris 164
Um estranho na aldeia 184

Agradecimentos.. 201
Um corpo negro — Teju Cole 203
E o mundo jamais voltou a ser branco — Paulo Roberto Pires   217
Um perfil de James Baldwin — Márcio Macedo...................... 239

Introdução

Edward P. Jones

Só fui conhecer o ensaísta James Baldwin no meu primeiro ano da faculdade. Antes eu conhecia apenas o James Baldwin dos romances, contos e peças teatrais, uma pessoa de confiança que me apresentava, através de seu Harlem e do povo de lá, o tipo de mundo que eu conhecia bem por ter sido criado na capital federal, Washington. Todos formavam uma mesma família, a gente do Harlem e a gente de Washington, era o que me dizia Baldwin daquela maneira como falam todos os grandes escritores eloquentes que tematizam o que é eterno e universal, nos relatando, com palavras duramente conquistadas, as minúcias do cotidiano: as beatas que investem coração e alma em cada culto como se mostrassem ao deus delas quanto são dignas de entrar no céu; a poeira dos apartamentos das pessoas pobres, que sempre paira no ar como um lembrete da posição que elas ocupam no mundo; as ruas de uma cidade onde os prédios habitados por negros nunca são eretos, e sim sempre tortos, enlutados por mil motivos.

Foi então que conheci esse outro Baldwin, e, à maneira misteriosa como essas coisas acontecem entre membros de uma mesma família, ele me reconheceu. Quando entrei na faculdade, no final de agosto de 1968, imaginando que haveria uma boa biblioteca na Holy Cross College, levei para lá poucos livros: apenas dois títulos de não ficção, ambos comprados num sebo pouco depois de eu ser aceito pela instituição. Não havia lido nenhum dos dois. O primeiro era um calhamaço publicado em 1950 que ensinava a escrever ensaios lógicos e bem fundamentados. Acabei jamais o lendo na Holy Cross, talvez por ele ser inacessível. (Ao vê-lo na estante do meu quarto no alojamento, Clarence Thomas,* um mês antes de se formar na faculdade, em 1971, comprou-o de mim por cinco dólares; já não lembro quanto eu havia pagado por ele.) E o segundo era *Notas de um filho nativo*. Eu estava começando uma nova vida — uma vida dedicada ao intelecto e à educação em meio aos brancos — e imaginava que, como as obras ficcionais de Baldwin haviam me ensinado muito sobre os negros, seus ensaios talvez tivessem um efeito semelhante nesse mundo em que eu estava adentrando.

Entrei na Holy Cross para estudar matemática, sobretudo por ter sido bom aluno da matéria no colegial. Na época, eu era extremamente tímido, e como nunca tinha feito exame de vista não me dava conta de que minha dificuldade de ler o que estava no quadro-negro poderia ser resolvida com óculos. No primeiro semestre de cálculo, eu ficava sentado na última fileira da sala; o professor era uma pessoa distante, que passava a maior parte da aula de costas para os alunos enquanto escrevia na lousa; por essas e outras, à medida que o semestre avançava, meu desempenho piorava mais e mais.

Vou mudar para letras, resolvi em dezembro, sabendo o quanto eu adorava ler e sabendo que ia ficar com média D em

---

* Membro da Suprema Corte dos Estados Unidos e segundo negro a ser nomeado para o tribunal, em 1991. (N. T.)

cálculo, de modo que não teria futuro na matemática. Antes de partir para o recesso de Natal, peguei meu exemplar de *Notas de um filho nativo* pela primeira vez, talvez compreendendo que a partir de então minha vida seria cada vez mais escrever ensaios. A primeira coisa que James Baldwin me disse na "Nota autobiográfica" foi: "Nasci no Harlem [...]". Uma declaração simples e direta, como se ao ler algo tão claro o leitor fosse levado a entender melhor a importância desse fato. Era o Harlem, mas, porque eu estava tão familiarizado com o Baldwin da ficção, o Baldwin cujos negros podiam muito bem ser de Washington, ele só poderia ter falado mais diretamente a mim se tivesse dito: "Nasci em Washington, D.C. [...]".

Boa parte do ensaio introdutório fala sobre a situação do escritor, algo que por muitos anos não teria muito significado para mim: a necessidade de mergulhar no próprio eu para poder dizer a verdade a respeito do mundo que se está descrevendo; a dificuldade de ser um escritor negro quando "o problema do negro" é um assunto tão discutido; o desejo, no final das contas, de ser "um bom escritor".

Mas dentro daquele breve ensaio havia um homem de 31 anos, já conhecedor do mundo (só fui tirar passaporte quando tinha 54 anos), que ainda lutava contra o problema de ter nascido em um mundo pequeno e muitas vezes nada receptivo, um mundo que, para o bem ou para o mal, fazia parte de um mundo maior que, de modo geral, rejeitava Baldwin e seu pequeno mundo. Eu era aluno da Holy Cross — algo que muitas vezes me dava alegria —, mas cada vez que saía do meu quarto no alojamento Beaven percebia que naquele lugar em Worcester, Massachusetts, não havia nada que tivesse sido feito pensando em mim. Eu sentia isso, mas ainda não dispunha das palavras com que me expressar. Foi Baldwin que me ensinou essas palavras. Escreve ele, com sua "atitude especial", a respeito de Shakespeare, a catedral de Char-

9

tres, Rembrandt, o Empire State Building e Bach: "Essas criações não eram realmente minhas, não abrigavam minha história; seria inútil procurar nelas algum reflexo de mim. Eu era um intruso; aquele legado não era meu".

E prosseguia assim ao longo de todo o livro, uma inteligência gloriosamente afiada e sensível, algo de que na época eu não me dava conta de todo, algo que — tenho certeza — o faria sorrir agora. Confesso que não pude compreender alguns de seus pensamentos mais complexos, talvez apenas porque eu era muito jovem e o mundo ainda não tinha sido tão duro comigo. Outros pensamentos de Baldwin eu simplesmente rejeitava, sem dúvida por ser muito jovem, mas também por estar se formando em mim um lado militante, que desprezava as ideias em desacordo com as que eu estava adquirindo. Essa militância era uma consequência natural do assassinato de Martin Luther King Jr. e da Guerra do Vietnã, bem como da minha recém-formada consciência de que eu era negro num mundo branco. Meu lado militante perguntava, por exemplo, por que Baldwin escrevia às vezes como se não fosse negro, e sim um observador — culpado, sem dúvida, mas ainda assim um observador. "Nossa desumanização do negro, portanto", ele me dizia em "Muitos milhares de mortos", "não pode ser separada da desumanização de nós mesmos: a perda de nossa própria identidade é o preço que pagamos por anularmos a dele." E mais adiante: "Nós (isto é, nós americanos em geral) gostamos de apontar para os negros e a maior parte de suas atividades com uma espécie de desprezo tolerante [...]".

Porém, atento para o uso constante de palavras como "nós" e "nosso", aos dezoito anos de idade, nos últimos dias de dezembro de 1968, eu não conseguia captar muito do que havia de verdade e dor nessas afirmações e em tantas outras contidas em "Muitos milhares". Com o tempo, aprendi que as pessoas conseguem lançar raízes numa consciência ainda em formação sem que ela se dê conta do fato, especialmente pessoas que, como Baldwin, vivem no mundo das palavras. Não fosse isso, não haveria como explicar todas as minhas tentativas de contar em um romance, da melhor maneira possível, as histórias de senhores de escravos, negros e brancos, e mostrar como a escravidão esmagava suas almas cada manhã em que eles se levantavam e agradeciam a seu deus por exercerem domínio sobre outros seres humanos. Se eu sabia como era importante contar essas histórias era porque Baldwin e outros como ele haviam me inspirado a fazê-lo muitos anos antes. (E se enfatizo a influência de Baldwin é porque ele, dos escritores negros que eu lia, era um dos poucos que percebia a importância de representar os brancos como seres humanos de pleno direito. Mesmo antes de eu saber que iria me tornar escritor, Baldwin me disse o seguinte: para humanizar totalmente os personagens negros, você não precisa desumanizar os brancos.)

Viajando com Baldwin através de *Notas* — "O gueto do Harlem", "Viagem a Atlanta" e "Notas de um filho nativo" —, pude formar uma imagem mais grandiosa do homem que eu conhecia apenas através da ficção. Suas obras ficcionais certamente tinham uma vida própria, absoluta e sem precedentes, e com base nelas eu poderia ter tentado imaginar o homem com quem estava lidando, mas os ensaios me proporcionaram algo além das fotos três por quatro e das biografias resumidas que vinham nas edições em brochura que eu possuía de obras como *Go Tell It on the Mountain* e *Terra estranha*. Ele continuaria sendo Baldwin se eu nunca tivesse lido esses ensaios, mas não teria sido real o suficiente para se dignar a compartilhar alguns momentos comigo. A ficção me apresentava uma pessoa de enorme humanidade. Os ensaios me apresentavam um homem, um vizinho, até mesmo um irmão mais velho.

Eu tinha vivido os protestos ocorridos em Washington depois do assassinato de Martin Luther King, uma explosão que se deu cerca de 25 anos após os acontecimentos no Harlem relatados por Baldwin em "Notas". Mudavam o cenário e os protagonistas, mas era o mesmo roteiro das revoltas que varreram o país na década de 1910, e que também haviam incluído Washington. Em abril de 1968, permaneci na periferia dos acontecimentos. (Minha mãe, coitada, já tinha motivos suficientes para se preocupar; a última coisa que eu queria fazer era acrescentar mais uma tonelada ao fardo com que ela já arcava, proporcionando-lhe o espetáculo de seu filho, prestes a entrar na faculdade, sendo preso.) Ocupado num emprego de verão e com a faculdade na cabeça, eu não tinha tempo para vasculhar meus sentimentos, nem os de meus colegas e vizinhos. O que é maravilhoso em escritores como Baldwin é encontrar, durante a leitura, passagens tão impressionantes que nos fazem perder o fôlego, a ponto de termos que levantar os olhos da página para não sermos arrebatados pelo texto. Durante aqueles dias de abril, só de andar pela minha cidade eu tinha percebido que havia algo de novo e diferente naquela gente que estava gritando, quebrando vitrines e saqueando, algo de muito antigo e profundo. Assim Baldwin me explicava o que estava acontecendo, com palavras escritas doze anos após os protestos do Harlem e treze anos antes do quebra-quebra em Washington: "algo de pesado em sua postura parecia indicar que todas essas pessoas tinham tido, por incrível que parecesse, uma visão comum, e em cada rosto parecia haver a mesma sombra estranha e amarga".

Vez após vez, Baldwin tem esse efeito sobre o leitor, e a certa altura já não basta levantar os olhos da página para recuperar o fôlego. Em "Igualdade em Paris", temos o triste episódio em que Baldwin passa alguns dias preso no período natalino de 1949 depois de lhe darem um lençol de hotel usado que ele não sabia que tinha sido roubado. Isso mesmo: dias preso por um lençol usado.

Só se compreende o significado real da palavra "kafkiano" depois de ler com atenção esse relato. Baldwin não o diz com todas as letras, mas o que sua passagem por um sistema de justiça perversamente cego deixa claro é que na França, para "todos os desgraçados", a situação não era tão diferente da que eles suportavam antes da Revolução Francesa.

A coisa é tão absurda (e esse absurdo é mais uma camada de opressão) que chega a ficar engraçada. E daí vem também a percepção de Baldwin de que as pessoas que administram tal sistema são primas-irmãs das que dão as cartas "na minha terra natal". Ele não tem como escapar delas, nem mesmo num lugar chamado Paris, e a consciência desse fato o torna uma pessoa melhor. "De alguma maneira profunda, negra, pedregosa e libertadora, minha vida, para mim, só começou naquele primeiro ano em Paris [...]".

E Baldwin prossegue, página após página, oferecendo luz e compreensão e uma insistência implacável — insistindo não exatamente em afirmar que sua visão das coisas é correta, mas que ignorá-la é ver apenas uma imagem parcial que não levará a soluções duradouras. Compreendo isso melhor agora que reli *Notas* para escrever este ensaio, e agora que a vida me fez ter algumas experiências. É por isso que seu livro deve ser valorizado. Por coisas pequenas, e por outras não tão pequenas.

A respeito do *Amsterdam Star-News*, ele observa em "O gueto do Harlem" que o jornal "é republicano [sem dúvida como legado da decisão tomada por Abraham Lincoln de libertar os escravos, achando que assim terminaria mais cedo a Guerra da Secessão], uma filiação política que por vezes o faz adotar uma estranha linguagem falseadora [...]". Tive que rir. Baldwin se referia a republicanos possivelmente mais bondosos e humanos, pessoas que poucos anos depois se tornariam animais políticos muito mais mesquinhos e maléficos. Não sei se Baldwin chegou a testemunhar o que aconteceu quando do dia para a noite surgiram conservadores negros durante a presidência de Ronald Reagan. Um grupo de negros que até hoje tem que defender todos os racistas brancos nas diversas subdivisões do Partido Republicano. Linguagem falseadora, sim.

E todo o ensaio "Viagem a Atlanta" é um alerta importante a respeito de políticos negros e radicais e liberais brancos, que com sua linguagem falseadora procuram mascarar um paternalismo que vê os negros como meras crianças. Relendo o texto, fiquei pensando em todos os liberais brancos de Washington, D.C., que escreveram comentários racistas em 2010 nos jornais e blogs locais depois que o prefeito negro (uma figura bastante criticada por muitos negros) foi derrotado por outro candidato negro, reclamando que os eleitores *niggers* simplesmente não sabiam o que era bom para eles. Baldwin — contando a ida de seu irmão adolescente, David, ao Sul — já fazia sua advertência em 1948.

Uma das maravilhas de reler *Notas* muitos anos depois é observar como Baldwin é "atual". Isso pode parecer um clichê, mas em muitas ocasiões na vida constatamos que alguns clichês se fundamentam em coisas sólidas, bem conhecidas e atemporais. "Viagem a Atlanta" é apenas um entre tantos exemplos contidos no livro. O que também fica claro é o otimismo de James Baldwin em relação a si próprio, ao seu mundo, ao mundo dos negros. Mesmo quando mostra os horrores da condição do negro nos Estados Unidos, ele manifesta um otimismo que ora é como uma música de fundo sutil, ora parece um tambor insistente. Mas do começo ao fim, palavra por palavra — talvez como prova de que ele tem certeza do que afirma —, Baldwin jamais grita.

29 de junho a 5 de julho de 2012
Washington, D.C.

NOTAS DE UM FILHO NATIVO

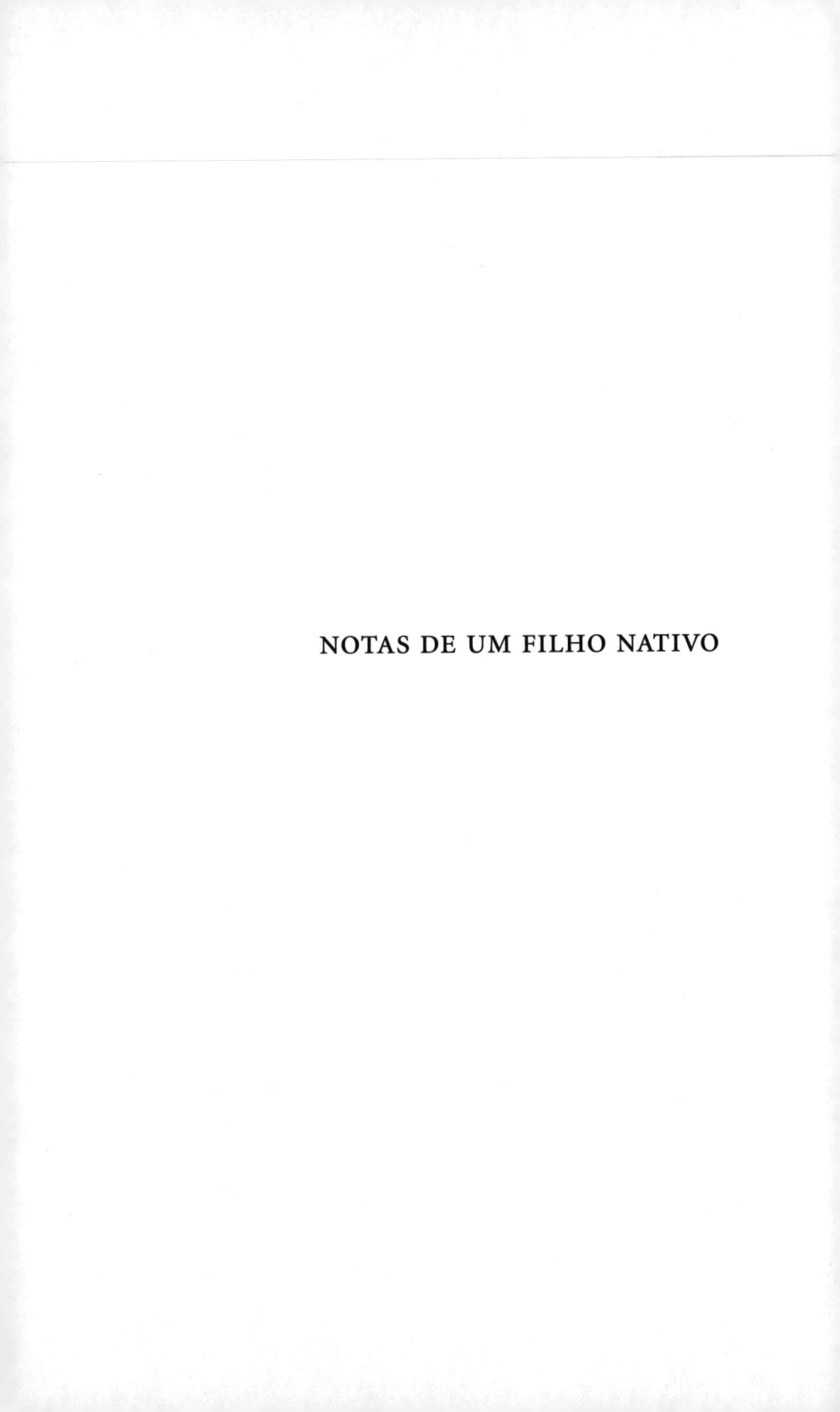

Para Paula Maria e Gebril

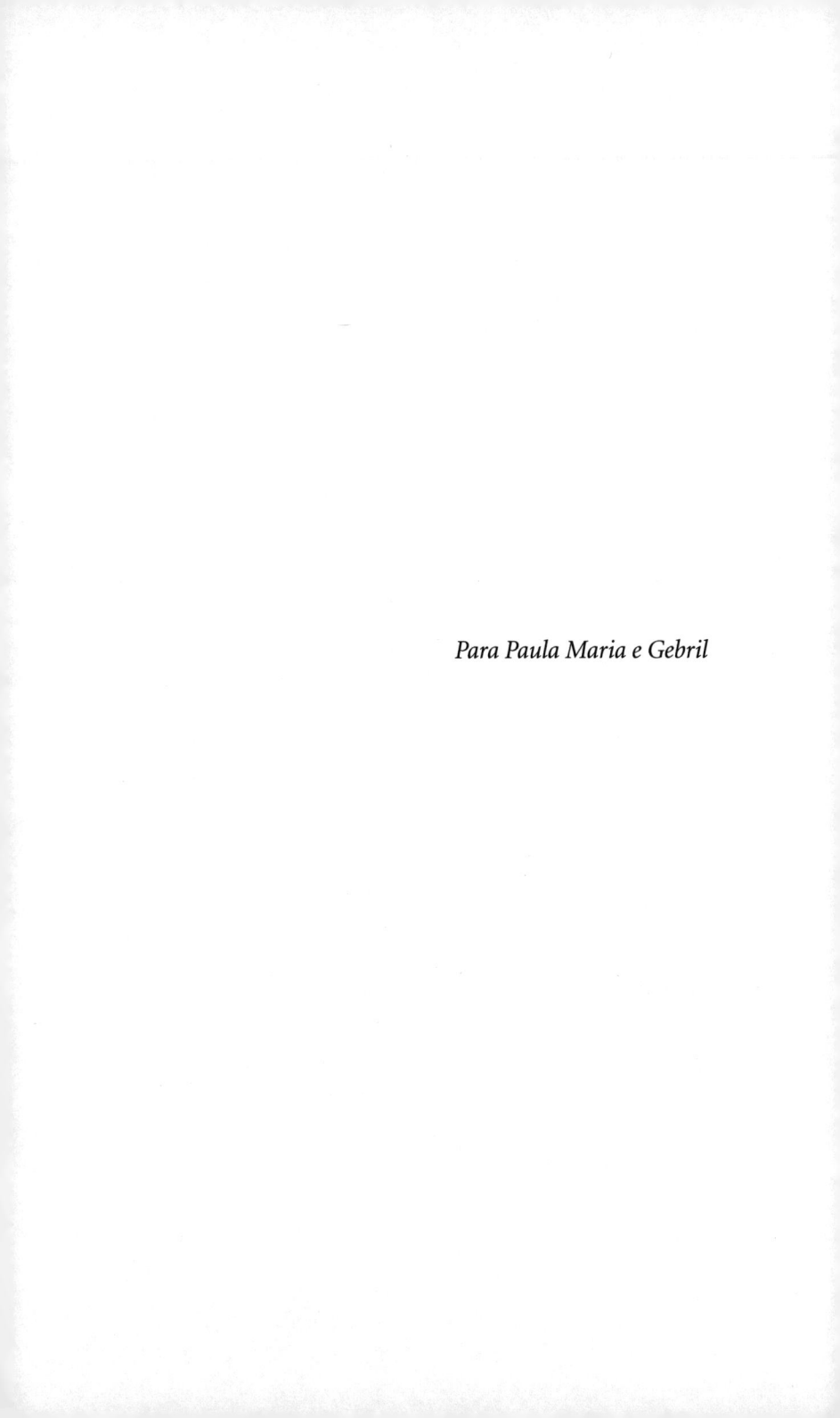

Prefácio à edição de 1984

James Baldwin

Foi Sol Stein, meu colega do colegial, editor, romancista e dramaturgo, que me sugeriu escrever este livro. Minha reação não foi entusiástica: lembro-me de ter dito a ele que eu era jovem demais para publicar minhas memórias.

Nunca havia pensado nestes ensaios como um livro em potencial. Tendo-os publicado, na verdade, creio que já nem sequer pensava neles. A sugestão de Sol teve o efeito surpreendente e desagradável de me fazer perceber que o tempo tinha passado. Era como se ele tivesse jogado água fria no meu rosto.

Sol persistiu, porém, como também persistiram os perigos e rigores da minha situação. Eu tinha voltado de Paris em 1954, por motivos não muito claros para mim. Havia prometido a um amigo suíço uma viagem à minha terra natal, mas creio que isso foi apenas um pretexto: não tinha peso suficiente para ser um motivo. Não vejo nenhuma razão objetiva para eu ter voltado aos Estados Unidos naquela ocasião — e acho que também não sei de nenhuma razão subjetiva.

E, no entanto, lá estava eu, no início de 1954, alguns meses antes de completar trinta anos, morrendo de medo, mas feliz por estar com minha família e meus amigos. Era meu segundo retorno desde a minha partida, em 1948.

Eu tinha voltado em 1952, com meu primeiro romance, ficando o tempo suficiente para mostrá-lo à minha família e vendê-lo, para cair fora logo em seguida. Em 1954, eu trazia pronto *The Amen Corner* e estava escrevendo *O quarto de Giovanni* — uma narrativa que se desprendeu do livro que haveria de se tornar *Terra estranha*.

Na verdade, o período de 1954 a 1955, apesar de alguns momentos assustadores, e não apenas olhando para trás, foi um ótimo ano. Afinal, eu havia sobrevivido a alguma coisa — a prova disso era que estava trabalhando. Estava passando uma temporada na comunidade de escritores de Yaddo, em Saratoga Springs, quando meu amigo Marlon Brando ganhou o Oscar; vi, pela televisão, Bette Davis lhe entregando o troféu, que ele beijou. O falecido Owen Dodson me telefonou de Washington, D.C., para dizer que estava dirigindo, na Howard University,* uma montagem universitária da minha peça. Fui a Washington, onde conheci o falecido E. Franklin Frazier e Sterling Brown, duas grandes figuras. Howard foi o primeiro campus universitário em que me vi, e sem esses homens não sei como teria ficado meu moral. A peça, graças a Deus, foi um sucesso tremendo, ainda que efêmero; a sala ficou lotada na última apresentação, apesar da relutância do corpo docente, que ainda não era negro ("Com esta peça o Departamento de Oratória vai regredir trinta anos!"), da perplexidade da revista *Variety* ("O que você acha que os negros do Norte vão pensar desta peça?") e do fato de que ela só voltaria a ser mon-

---

* Universidade em Washington, D.C., fundada em 1867, com professores brancos, mas destinada apenas a alunos negros, numa época em que a segregação racial era oficialmente adotada no país. (N. T.)

tada de novo quase dez anos depois. E eu estava apaixonado. Estava feliz — nunca antes o mundo tinha sido um lugar tão bonito.

Só havia um pequeno problema. Eu — nós — não tínhamos um tostão furado.

Sol Stein voltou à carga. Havíamos combinado nove ensaios, ele queria um décimo texto; escrevi o ensaio que dá título ao livro entre a casa de Owen e o Dunbar Hotel. Voltei a Nova York, onde terminei *O quarto de Giovanni*. As editoras, com sua proverbial presciência, receberam o livro com horror e aversão; não queriam editá-lo, dizendo que eu era um jovem escritor *negro* que, se publicasse esse livro, iria desagradar seu público e destruir sua carreira. Em suma, não publicariam o livro para o meu próprio bem. Agradeci, talvez em termos um tanto drásticos, peguei dinheiro emprestado com um amigo, e eu e meu namorado tomamos um navio de volta para a França.

Eu nunca tinha me imaginado como ensaísta: a ideia jamais me passara pela cabeça. Mesmo agora — ou, talvez, principalmente agora — é difícil relembrar o processo.

Tem algo a ver, certamente, com o que eu estava tentando descobrir, e também tentando evitar. Se estava tentando me descobrir — uma ideia que, quando examinada, tende a parecer um tanto duvidosa, já que eu também estava tentando me evitar —, havia sem dúvida, entre mim e esse eu que eu queria descobrir, uma rocha eterna.* Essa rocha machucava a mão e quebrava todas as ferramentas. No entanto, havia um *eu* em algum lugar: dava para senti-lo se debatendo dentro de mim, tentando se livrar do cativeiro. A esperança da salvação — a identidade — dependia da possibilidade de decifrar e descrever essa rocha.

Uma canção exclama: "Leva-me à rocha que é mais alta do que eu", e outra pede: "Oculta-me na rocha!", e ainda outra pro-

---

* No original, "*rock of ages*", título de um conhecido hino protestante. (N. T.)

clama: "Meu lar é nessa rocha". Ou: "Corri até a rocha e nela me escondi;/ a rocha então gritou:/ ninguém se esconde aqui!".*

A rocha eterna acumulada se deixou decifrar como uma parte da minha herança — uma parte, veja lá, e não a totalidade —, porém, a fim de reivindicar meu direito inato, do qual minha herança era apenas uma sombra, era necessário desafiar e reivindicar a rocha. Caso contrário, ela é que me reivindicaria.

Em outras palavras: minha herança era particular, especificamente limitada e limitante; meu direito inato era vasto, conectando-me com tudo que é vivo e com todos, para sempre. Não se pode, porém, reivindicar o direito inato sem aceitar a herança.

Portanto, quando comecei a escrever a sério — quando percebi que estava comprometido com a escrita, que minha vida seria escrever —, eu tinha que relatar essa condição particular que foi — e é — a prova viva da minha herança. E, ao mesmo tempo, nesse mesmo relato, eu tinha que reivindicar meu direito inato. Eu sou o que o tempo, a circunstância e a história fizeram de mim, certamente; mas sou também muito mais que isso. Eu e todos nós.

O enigma da cor faz parte da herança de todos os americanos, sejam eles, no plano legal ou no da realidade, negros ou brancos. É uma herança terrível, em nome da qual multidões incontáveis, há muito tempo, venderam seu direito inato. Ainda hoje isso se dá. Esse horror de tal modo funde passado e presente que é quase impossível, e decerto não faz sentido, dizer que ele transcorre, por assim dizer, no tempo. É um gesto suicida — e, de fato, como tal se revelou por vezes — qualquer tentativa de falar nesse tema para uma multidão, pois ela — presumindo-se que saiba que o tempo existe — acredita que o tempo pode ser passado para trás.

---

* Citações de *negro spirituals*, tradicionais canções religiosas dos negros do Sul, do tempo da escravidão. (N. T.)

Seja como for, meus primeiros passos têm algo a ver com algo assim. Eu estava tentando me localizar dentro de uma herança específica e usar essa herança para, precisamente, reivindicar meu direito inato, do qual essa herança havia me excluído de modo tão brutal e específico.

Não é agradável ser obrigado a reconhecer, mais de trinta anos depois, que nem essa dinâmica nem essa necessidade mudaram. Houve mudanças superficiais, com resultados que, na melhor das hipóteses, são ambíguos, e, na pior, desastrosos. Moralmente, não houve mudança alguma, e a mudança moral é a única que conta. "*Plus ça change*", reclamam, irritados, os franceses (que certamente sabem do que estão falando), "*plus c'est la même chose*." (Quanto mais a coisa muda, mais ela continua sendo a mesma.) Pelo menos eles têm estilo suficiente para admitir o fato.

A única mudança real que pode ser percebida com clareza no caos indescritivelmente perigoso do momento atual é a consciência apavorada, por parte daqueles que vêm há tanto tempo difamando e subjugando outros seres humanos, de que o feitiço se voltou contra o feiticeiro. Nem uma única vez os Civilizados foram capazes de honrar, reconhecer ou descrever o Selvagem. Este é, em termos práticos, a fonte da riqueza daqueles, e a subjugação constante deste é a chave do poder e da glória daqueles. Trata-se de uma verdade absoluta e incontestável na África do Sul — para citar apenas um pedaço da África. Quanto à situação das mulheres e dos homens negros daqui, o negro tornou-se, no plano econômico, praticamente irrelevante, sendo por isso estimulado a alistar-se no Exército ou então — uma ideia defendida, creio, por Daniel Moynihan e Nathan Glazer —* transformar-se em

---

* Considerados liberais e associados ao Partido Democrata, esses autores defendiam a posição de que desemprego, criminalidade e outras mazelas associadas à população negra tinham causas diversas que não o racismo, a discriminação racial e o histórico escravagista do país. (N. T.)

um pós-homem, para desse modo tornar-se útil, pelo amor de Cristo, enquanto os homens brancos assumem o pesado fardo de governar o mundo.

Pois é. *Plus ça change.* E, falando como um cidadão negro, em relação aos seus compatriotas: *com amigos assim...*

Há um pavor terrível, não reconhecido, enrodilhado sob o andaime dos tempos das esperanças e dos empreendimentos atuais. Afirmei que os Civilizados nunca foram capazes de honrar, reconhecer nem descrever o Selvagem. Tendo-o rotulado de selvagem, não viam nele nada para honrar, reconhecer nem descrever. Mas os selvagens descrevem os europeus — que ainda não eram, quando chegaram ao Novo (!) Mundo, brancos — como *a gente vinda do céu.* Tampouco os selvagens da África podiam prever a terrível diáspora a que estavam prestes a ser condenados. Nem mesmo os chefes que vendiam africanos como escravos poderiam imaginar que esta escravidão duraria para sempre, ou pelo menos *mil anos.* Nada na experiência dos selvagens poderia tê-los preparado para tal ideia, assim como eles não conseguiam conceber a terra como um bem que pudesse ser comprado e vendido. (Como eu próprio não consigo acreditar que as pessoas estejam de fato comprando e vendendo espaço aéreo acima das torres de Manhattan.)

No entanto, tudo isso aconteceu, e ainda está acontecendo. É a partir dessa brutalidade incrível que brota o mito do "escurinho" feliz e de ... *E o vento levou.* E os norte-americanos parecem acreditar nessas lendas, que eles próprios criaram e que não são corroboradas por absolutamente nada no mundo real, até hoje. E quando essas lendas são atacadas, como está acontecendo agora — por todo um mundo que nunca foi e nunca será branco —, meus compatriotas se tornam vingativos de um modo infantil e perigosos a um grau indizível.

O pavor não reconhecido que mencionei acima é gerado pelo medo de que o Selvagem possa, agora, descrever os Civilizados: a única maneira de evitar que isso aconteça é destruir a humanidade. Esse pavor prova que nem uma pessoa nem um povo podem fazer o que quer que seja sem saber o que estão fazendo. Tampouco se pode deixar de pagar pelas escolhas que se faz. Há uma ironia selvagem, se me permitem o termo, no fato de que a única prova que o mundo — a humanidade — tem da supremacia branca está no rosto e na voz do negro: aquele rosto jamais contemplado, aquela voz jamais escutada. Os olhos daquele rosto provam o horror imperdoável e inimaginável de ser um cativo na terra prometida, mas provam também que *o sofrimento não dura para sempre*:* e a voz, outrora marcada por uma raiva e uma dor que corroboravam a realidade do carcereiro, está se dirigindo a outra realidade, em outras línguas. As pessoas que se consideram brancas têm de optar por se tornar humanas ou se tornar irrelevantes.

Ou então — que é, na verdade, o que elas já são, para todos os fins práticos — obsoletas. Pois, se o sofrimento não dura para sempre, como diz o pastor, o Poder também não, e é do fato ou da esperança ou do mito do Poder que, ao que parece, sempre dependeu essa identidade que se autodenomina branca.

Eu tinha acabado de completar 31 anos quando este livro foi publicado pela primeira vez, e, quando você estiver lendo isto, já terei sessenta. Esse fato me parece notável, mas não o menciono agora como ocasião para comemorações ou lamentações. Creio que não tenho motivos para me queixar: muito pelo contrário, para dizer o mínimo, aconteça o que acontecer amanhã. No entanto, tenho motivos para refletir — é o que todos nós fazemos quando somos obrigados a olhar para um passado distante. Lem-

---

* Alusão a um *negro spiritual*. (N. T.)

bro-me de muitas pessoas que me ajudaram de maneiras indescritíveis, tantos anos atrás, quando eu era um menino de olhos esbugalhados, mudo de tão tímido, sentado no chão, num canto — é assim que me vejo. Eu estava passando o diabo em Greenwich Village, onde a maior parte da população, instigada pela polícia, achava muito divertido jogar mesas e cadeiras na minha cabeça, e não demorou para que eu parasse de falar nos meus direitos "constitucionais". Sou, creio eu, um sobrevivente.

Mas a que foi que sobrevivi? Naquele tempo, me diziam, quando eu ficava apavorado, veemente ou lacrimoso: *A coisa leva tempo, Jimmy. Leva tempo.* Concordo: concordo até hoje: se bem que não demorou muito para que algumas das pessoas que eu conhecia na época — os anos 1950 — pedissem arrego, resolvessem se dar bem na vida e se abraçassem à bandeira americana. Um bando miserável e desprezível de covardes, a quem outrora confiei minha vida — *com amigos assim...!*

Mas falemos sobre isso em outra oportunidade. Quando me diziam que a coisa leva tempo, na época em que eu era jovem, estavam me dizendo: vai demorar para que uma pessoa negra possa ser tratada como um ser humano neste país, mas isso vai acontecer. Nós vamos agir para que isso aconteça. É o que prometemos a você.

Sessenta anos da vida de um homem é muito tempo para cumprir uma promessa, especialmente quando levamos em conta todas as vidas que vieram antes da minha e todas as que há ao meu redor.

O que aconteceu, no decorrer do meu tempo, foi o que aconteceu com meus antepassados. Nenhuma promessa feita a eles foi cumprida, nenhuma promessa feita a mim foi cumprida, e tampouco posso aconselhar os que vêm depois de mim, nem meus semelhantes espalhados pelo mundo, a acreditar em uma única palavra proferida por meus compatriotas moralmente corrompidos e desesperadamente desonestos.

Afirma Doris Lessing, no prefácio de seu livro *African Stories*:

> E se as crueldades do homem branco para com o negro constituem uma das piores culpas que podem ser imputadas à humanidade, o preconceito de cor não é nosso pecado original, e sim apenas um aspecto da atrofia da imaginação que nos impede de nos vermos em toda criatura viva que há sob o sol.

Amém. *En avant.*

18 de abril de 1984
Amherst, Massachusetts

Nota autobiográfica

Nasci no Harlem há 31 anos. Comecei a esboçar romances mais ou menos na época em que aprendi a ler. A história da minha infância é a fantasia deprimente de sempre; deixemo-la de lado com a observação sucinta de que eu jamais cogitaria vivê-la de novo. Naquela época, minha mãe tinha o hábito irritante e misterioso de ter bebês. À medida que eles iam nascendo, eu cuidava deles com uma das mãos enquanto segurava um livro com a outra. As crianças provavelmente sofreram, embora mais tarde tenham tido a bondade de dizer que não; foi assim que li *A cabana do pai Tomás* e *Um conto de duas cidades* vez após vez; foi assim, aliás, que li quase tudo que me caiu nas mãos — menos a Bíblia, talvez porque era o único livro cuja leitura me era recomendada. Devo também confessar que eu escrevia — muito — e que meu primeiro triunfo profissional, ou ao menos minha primeira produção escrita a ser publicada, ocorreu quando eu estava com doze anos, mais ou menos: um conto meu sobre a Revolução Espanhola ganhou algum tipo de prêmio num jornalzinho de igreja que existiu por pouquíssimo tempo. Lembro que a história foi censurada pela senhora que editava a publicação, ainda que não me recorde do motivo, e fiquei indignado.

Também escrevia peças teatrais e compunha canções, uma das quais me valeu uma carta elogiosa do prefeito La Guardia, e poemas, sobre os quais quanto menos for dito, melhor. Tudo isso encantava minha mãe, mas não meu pai; ele queria que eu me tornasse um pregador. Aos catorze anos comecei a pregar, e aos dezessete parei. Logo em seguida saí de casa. Durante algum tempo, sabe Deus quanto, batalhei no mundo do comércio e da indústria — creio que, se os dois fossem consultados, diriam que *eles* é que batalharam comigo — e por volta dos 21 anos escrevi um trecho de romance para obter uma bolsa, a Saxton Fellowship. Aos 22 anos, terminei de receber a bolsa, não consegui publicar o romance, comecei a trabalhar como garçom num restaurante em Greenwich Village e a escrever resenhas de livros — principalmente sobre o problema do negro, assunto no qual me tornei automaticamente especialista, graças à cor da minha pele. Fiz outro livro, em parceria com o fotógrafo Theodore Pelatowski, sobre as pequenas igrejas evangélicas do Harlem. Esse livro teve exatamente o mesmo destino que o meu primeiro — valeu-me uma bolsa, mas não consegui publicá-lo. (A bolsa era a Rosenwald Fellowship.) Aos 24 anos, decidi parar de resenhar livros sobre o problema do negro — que, na época, era apenas um pouco menos horrível nos livros do que era na vida real —, fiz as malas e fui para a França, onde consegui concluir, Deus sabe como, *Go Tell It on the Mountain*.

Todo escritor, imagino, tem a impressão de que tudo no mundo em que ele nasceu faz parte de uma conspiração cujo objetivo é impedi-lo de cultivar seu talento — uma impressão que sem dúvida não é de modo algum gratuita. Por outro lado, é só porque o mundo encara seu talento com uma indiferença assustadora que o artista é obrigado a tornar seu talento importante.

Assim, todo escritor, ao rememorar seu passado, mesmo quando seu passado é tão próximo quanto o que estou examinando aqui, constata que é impossível divorciar as coisas que o machucaram das que o ajudaram; ele só pôde receber um certo tipo de ajuda porque tinha sido machucado de um modo específico; e a ajuda que recebeu foi simplesmente o que lhe possibilitou passar de um dilema para o outro — ou, como somos tentados a dizer, de uma catástrofe para a outra. Quando começamos a procurar influências, encontramos uma quantidade enorme delas. Nunca pensei muito sobre as minhas, não o bastante. Eu diria que a Bíblia do rei James,* a retórica das igrejas pentecostais, o que há de irônico, violento e contido na fala dos negros — e um pouco das exibições de virtuosismo de Dickens — têm algo a ver com o que sou hoje; mas eu não apostaria minha vida nessa afirmativa. Da mesma forma, muitíssimas pessoas me ajudaram de muitas maneiras; mas creio que, em última análise, a coisa mais difícil (e mais gratificante) da minha vida foi o fato de ser negro e ser forçado, por esse motivo, a de algum modo negociar um acordo de trégua com essa realidade. (Aliás, um acordo de trégua é o melhor que se pode esperar.)

Uma das dificuldades enfrentadas pelo escritor negro (e não estou advogando em causa própria, pois não afirmo que a situação dele seja pior que a dos outros) é o fato de o problema do negro ser tão debatido. Livros aos montes são publicados sobre o tema, e todos, portanto, se consideram bem informados sobre ele. Além disso, as informações disponíveis tendem na maioria das vezes (geralmente, comumente) a reforçar atitudes tradicionais. Só há duas atitudes tradicionais — a favor e contra — e, quanto a mim, acho difícil dizer qual delas me causou mais sofrimento.

---

* Tradução inglesa da Bíblia encomendada por Jaime I, publicada em 1611 e considerada até hoje um dos grandes clássicos do idioma. (N. T.)

Falo como escritor; do ponto de vista social, tenho perfeita consciência de que qualquer mudança no sentido de substituir a má vontade pela boa vontade, qualquer que seja a motivação por trás dela, por mais imperfeita que seja, e seja ela mal ou bem expressa, é melhor do que nada.

Mas, a meu ver, faz parte do trabalho do escritor examinar atitudes, ir abaixo da superfície, chegar até a fonte. Desse ponto de vista, o problema do negro é quase inacessível. Não é só por se escrever tanto sobre ele; é porque o que se escreve é muito ruim. Pode-se dizer, creio eu, que o preço que um negro paga para aprender a se exprimir é constatar, no final das contas, que não há nada a ser expresso. ("Ensinaste-me a falar", diz Calibã a Próspero, "e a vantagem única é que agora sei xingar.") Pensemos: a tremenda atividade social gerada por esse problema impõe a brancos e negros a necessidade de olhar para a frente, de trabalhar em prol de um futuro melhor. Isso é bom; isso faz com que as águas continuem agitadas; na verdade, todo o progresso experimentado pelos negros advém daí. No entanto, as questões sociais não são, de modo geral, o interesse principal do escritor, ainda que alguns afirmem que deveriam ser; é muitíssimo necessário que ele se distancie dessas questões o bastante para ter, ao menos, alguma clareza; pois, para que ele possa olhar para a frente, entendendo o que vê minimamente, primeiro tem de olhar para trás por um bom tempo. No atual contexto do problema do negro, tanto os brancos quanto os negros têm excelentes razões para não querer de modo algum olhar para trás; mas, no meu entender, apenas o passado pode tornar o presente coerente; ademais, o passado só deixará de ser horrível no dia em que resolvermos examiná-lo de modo honesto.

Seja como for, sei que o momento mais crucial da minha formação foi aquele em que fui obrigado a admitir que eu era uma espécie de bastardo do Ocidente; quando traçava a linha do meu passado, eu não ia parar na Europa, e sim na África. E isso queria dizer que, de alguma maneira sutil, de alguma maneira muito profunda, eu era obrigado a encarar Shakespeare, Bach, Rembrandt, as pedras de Paris, a catedral de Chartres e o Empire State Building com uma atitude especial. Essas criações não eram realmente minhas, não abrigavam minha história; seria inútil procurar nelas algum reflexo de mim. Eu era um intruso; aquele legado não era meu. Por outro lado, eu não dispunha de outro legado de que pudesse me valer — sem dúvida, não estava capacitado para sobreviver na selva, numa tribo. Eu teria que me apropriar dessa história branca secular, teria que torná-la minha — aceitar minha atitude especial, meu lugar especial nesse esquema —, senão não teria lugar em esquema *algum*. O mais difícil foi ter que admitir algo que sempre escondi de mim mesmo, algo que o negro americano sempre tem de esconder de si mesmo para poder obter algum progresso público: que eu odiava e temia as pessoas brancas. Isso não significava que eu amava os negros; pelo contrário, sentia desprezo por eles, talvez por não terem conseguido produzir Rembrandt. De fato, eu odiava e temia o mundo. E isso significava que eu não apenas dava ao mundo um poder assassino sobre mim, mas também que, nesse limbo de autodestruição, eu nunca poderia me tornar escritor.

Escreve-se com base em apenas uma coisa: a experiência própria. Tudo depende de que o escritor extraia dessa experiência, de modo implacável, até a última gota, doce ou amarga, o que ela pode render. Esta é a única ocupação real do artista: recriar, com base na desordem da vida, aquela ordem que é a arte. A dificuldade, para mim, de ser um escritor negro, portanto, residia no fato de que, na verdade, eu estava proibido de examinar minha própria experiência de maneira aprofundada, por efeito das tremendas demandas e dos perigos muito concretos que decorriam da minha situação social.

Não creio que o dilema esboçado acima seja incomum. Mas creio que, como os escritores trabalham com o meio desastrosamente explícito da linguagem, esse fato explica até certo ponto por que, apesar dos enormes recursos da fala e da vida dos negros, e do exemplo da música negra, a prosa escrita pelos negros em geral é tão pálida e dura. Se escrevo tanto sobre a condição do negro, não é por achar que não tenho outro assunto, mas só porque foi esse o portão que me vi obrigado a destrancar para que pudesse escrever sobre qualquer outra coisa. A meu ver, o problema do negro nos Estados Unidos não pode ser discutido de modo coerente sem que se tenha em mente seu contexto; e seu contexto são a história, as tradições, os costumes, os pressupostos morais e as preocupações do país; em suma, o tecido social geral. Ao contrário do que pode parecer, ninguém nos Estados Unidos escapa dos efeitos desse problema, e todos no país têm alguma responsabilidade por ele. Minha certeza quanto a isso é reforçada pela tendência avassaladora a se falar desse problema como se fosse uma coisa à parte. Mas na obra de Faulkner, na atitude geral e em certas passagens específicas de Robert Penn Warren e, o mais importante, no advento de Ralph Ellison, vê-se que uma investigação mais genuinamente penetrante está ao menos tendo início. A propósito, o sr. Ellison é o primeiro romancista negro que já li que utiliza na sua linguagem, de forma brilhante, algumas das ambiguidades e ironias da vida dos negros.

Sobre meus interesses: não sei se tenho algum, a menos que o desejo mórbido de possuir uma câmera de dezesseis milímetros e fazer filmes experimentais seja encarado como tal. Fora isso, gosto de comer e beber — constato, melancólico, que quase nunca tive o suficiente para comer (porque é *impossível* comer o suficiente se você já está preocupado com a próxima refeição) —, adoro discutir com pessoas que não discordam de mim de modo muito radical, e adoro rir. *Não* gosto da boemia nem de gente boêmia; não gosto de pessoas cujo principal objetivo na vida é o prazer e não gosto de pessoas que são muito *sérias* a respeito de qualquer coisa. Não gosto de pessoas que gostam de mim porque sou negro, nem de gente que me despreza por essa mesma característica acidental. Amo os Estados Unidos mais do que qualquer outro país do mundo e, justamente por isso, insisto no direito de criticá-lo com frequência. Acredito que todas as teorias são suspeitas, que os princípios mais elevados às vezes têm de ser modificados ou até pulverizados pelas exigências da vida e que, portanto, cada pessoa precisa encontrar um centro moral próprio e viver neste mundo com a esperança de que esse centro a oriente do modo correto. Creio que tenho muitas responsabilidades, mas nenhuma maior do que esta: resistir, como diz Hemingway, e fazer meu trabalho.

Quero ser um homem honesto e um bom escritor.

PRIMEIRA PARTE

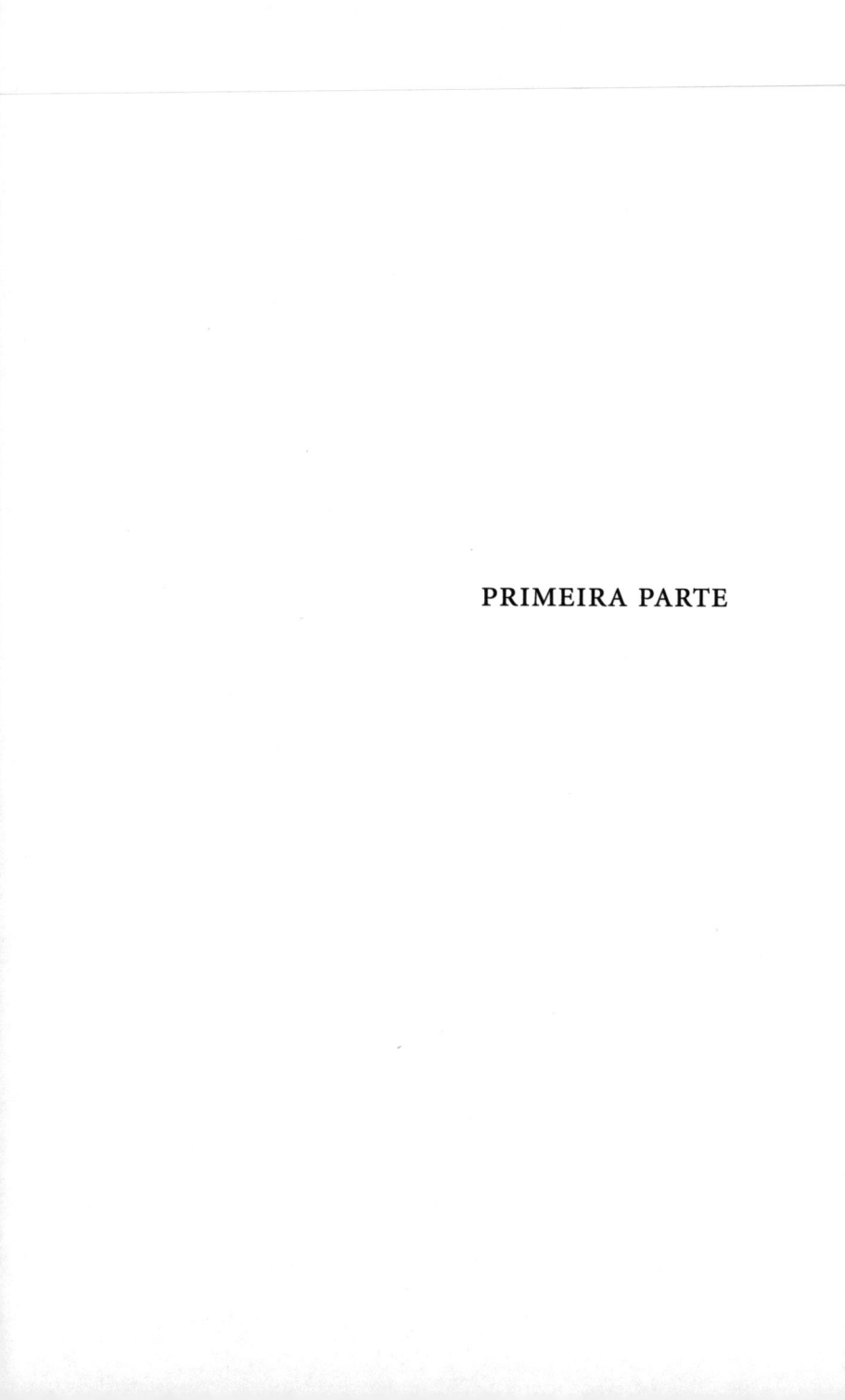

O romance de protesto de todos

Em *A cabana do pai Tomás*, pedra angular do romance de protesto norte-americano, St. Clare, o proprietário de escravos bonzinho, comenta com sua prima nortista, a srta. Ophelia, a qual o reprova com firmeza, que a seu ver os negros foram entregues ao demônio para beneficiar os brancos neste mundo — seja o que for, acrescenta ele, pensativo, que possa vir a acontecer no outro mundo. A reação da srta. Ophelia é, ao menos, veementemente virtuosa: "Mas que horror!", ela exclama. "Vocês não têm vergonha?"

A srta. Ophelia, imaginamos, falava em nome da autora; sua exclamação é a moral da história, tão bem emoldurada e incontestável quanto aqueles pensamentos edificantes que às vezes encontramos pendurados nas paredes de quartos para alugar. E, tal como esses pensamentos, diante dos quais sentimos uma repulsa automática, reconhecendo neles uma superficialidade insuportável e quase indecente, tanto ela quanto St. Clare estão sendo terrivelmente sérios. Nenhum dos dois questiona a moralidade medieval que embasa esse diálogo: negros, brancos, o diabo, o outro mundo — sendo suas alternativas o céu e o inferno — eram realidades para eles, tal como eram, é claro, para a escritora que os criou. Eles rejeitavam e temiam as trevas, lutando com todas as suas forças para chegar à luz; e, considerada por esse ângulo, a exclamação da srta. Ophelia, tal como o romance da sra. Stowe, ganha um significado luminoso, quase sinistro, como a luz das chamas que devoram uma bruxa. O fato se torna ainda mais impressionante quando constatamos que os romances sobre a opressão dos negros escritos agora, em nossos tempos mais esclarecidos, se limitam a exclamar: "Mas que horror! Vocês não têm vergonha?". (Deixemos de lado, por ora, os romances de opressão escritos por negros, que não fazem mais do que acrescentar um pós-escrito furioso, quase paranoico, a esta declaração, reforçando, como espero demonstrar mais adiante, os princípios que ativam a opressão por eles condenada.)

A cabana do pai Tomás é um romance péssimo, e seu sentimentalismo virtuoso e presunçoso tem muito em comum com *Mulherzinhas*.* O sentimentalismo, a exibição ostentosa de emoção excessiva e espúria, é a marca da desonestidade, da incapacidade de sentir; os olhos rasos d'água da pessoa sentimental traem sua aversão à experiência, seu medo da vida, seu coração árido; é sempre, portanto, sinal de uma desumanidade secreta e violenta, a máscara da crueldade. *A cabana do pai Tomás* — tal como seus inúmeros descendentes mais durões — é um catálogo de violências. Isso se explica com referência à natureza do tema da sra. Stowe, à sua determinação louvável de apresentar o quadro completo, sem recuar diante de nenhum horror; uma explicação que só se revela insuficiente quando paramos para perguntar se o quadro por ela apresentado é de fato completo; e que restrição ou falha

---

* Romance infanto-juvenil da norte-americana Louisa May Alcott, publicado em 1868. (N. T.)

de percepção a levou a depender tanto do relato de atos brutais — sem motivo, sem sentido — e deixar sem resposta, sem nem sequer formular, a única pergunta importante: o que era, afinal, que levava sua gente a agir dessa maneira?

Mas isso, podemos argumentar, estava além da capacidade da sra. Stowe; ela não era exatamente uma romancista, e sim uma panfletária passional; seu livro tinha o único objetivo de provar que a escravidão era um erro, que era mesmo um horror. Temos aqui material para um panfleto, mas não para um romance; e a única pergunta que resta a fazer é: por que será que ainda estamos sujeitos à mesma restrição que ela? Por que motivo nos recusamos a ir mais longe do que foi a sra. Stowe, para descobrir e revelar algo um pouco mais perto da verdade?

Porém, o surgimento desta palavra tão maltratada — verdade — nos põe imediatamente diante de uma série de enigmas; além disso, estando em jogo tantos evangelhos, a palavra tem a infeliz tendência a nos tornar belicosos. Digamos, então, que verdade, tal como o termo será usado aqui, se refere a uma dedicação ao ser humano, sua liberdade e sua realização; uma liberdade que não pode ser legislada, uma realização que não pode ser mapeada. Essa é a preocupação central, o referencial; ela não deve ser confundida com uma dedicação à Humanidade, que com muita facilidade se identifica com a dedicação a uma Causa; e as Causas, como sabemos, são notoriamente sanguinárias. A meu ver, nesta civilização tão mecânica e entrelaçada, tentamos reduzir essa criatura à condição de uma invenção prática que visa economizar tempo. Ela não é, no final das contas, apenas um membro de uma Sociedade ou um Grupo, nem um enigma deplorável a ser explicado pela ciência. Ela é — e como essas palavras soam antiquadas! — algo mais que isso, algo irremediavelmente indefinível, imprevisível. Quando negligenciamos, negamos, escamoteamos sua complexidade — que nada mais é do que a inquietante complexidade que caracteriza todos nós —, somos diminuídos e perecemos; é somente dentro dessa teia de ambiguidades e paradoxos, dessa fome, desse perigo e dessa escuridão, que podemos encontrar ao mesmo tempo nós mesmos e o poder que nos libertará de nós mesmos. É esse poder de revelação que é a tarefa do romancista, essa jornada em direção a uma realidade mais vasta que deve ter precedência em relação a todas as outras exigências. O que hoje é apregoado como a Responsabilidade do romancista — ao que parece, sua obrigação de assumir formalmente que ele está envolvido e afetado pela vida de outras pessoas e de dizer algo edificante sobre esse fato óbvio — implica, quando ele acredita nisso, sua corrupção e nossa perda; ademais, essa Responsabilidade tem raízes nessa exata mecanização, está interligada a ela e a intensifica. Tanto *Gentleman's Agreement* quanto *O destino bate à sua porta** exemplificam esse medo terrível do ser humano, a determinação a reduzi-lo a algo menor. E *A cabana do pai Tomás* prenuncia esses dois livros: a fórmula criada pela necessidade de encontrar uma mentira mais palatável que a verdade foi passada adiante e aprendida de cor, persistindo até hoje com um poder terrível.

É interessante considerar mais um aspecto do romance da sra. Stowe: o método por ela utilizado para resolver o problema de escrever sobre um negro. Fora o animado desfile de escravos do campo, escravos domésticos, Chloe, Topsy etc. — os quais são figuras tradicionais adoráveis, que não constituem problema algum —, o livro apresenta apenas três outros negros. Estes é que são importantes, e dois deles podem ser deixados de lado de imediato, pois é apenas a palavra da autora que garante que eles sejam negros, já que sob todos os outros aspectos eles são tão brancos quanto se pode imaginar. Refiro-me a George e Eliza, um

---

* Romances de Laura Z. Hobson (1947) e James M. Cain (1934), respectivamente. (N. T.)

casal com uma filha totalmente adorável — aliás, toda a sua graça e seu charme nos fazem pensar num engraxate negro dançando sapateado para ganhar algumas moedas condescendentes. Eliza é uma mestiça bela e piedosa, clara o bastante para passar por branca — a heroína de *Quality** poderia perfeitamente ser sua reencarnação —, que só difere de sua senhora aristocrática, a qual supervisionou sua educação, por ser uma serviçal. George é mais escuro, mas compensa esse fato por ser um gênio da mecânica e, além disso, por ter traços tão pouco negroides a ponto de conseguir andar pela cidade, fugindo de seu senhor, disfarçado de cavalheiro espanhol, só atraindo atenção sob a forma de admiração. Eles dois não pertencem à mesma raça que Topsy. Ao final do romance, graças a uma dessas reviravoltas violentas sofridas pelo enredo na última hora, vem à tona que Eliza tem uma ligação com a fidalguia francesa. O personagem que dá nome ao livro, o pai Tomás, ainda hoje uma figura polêmica, é negro como a noite, tem cabelo encarapinhado, é analfabeto e incrivelmente tolerante. E tem de ser: sendo negro, só com muita tolerância é que ele pode sobreviver ou triunfar. (Cf. o prefácio de Faulkner a *O som e a fúria*: "Estes outros não eram Compson. Eram negros: [...] — Eles resistiram".) Seu triunfo é metafísico, sobrenatural; sendo negro, tendo nascido sem a luz, é só através da humildade, da incessante mortificação da carne, que ele pode entrar em comunhão com Deus ou com o homem. A ira virtuosa da sra. Stowe não é motivada por algo temporal, como a questão do relacionamento dos homens uns com os outros — nem mesmo, ela teria alegado, o relacionamento dos homens com Deus —, mas apenas pelo pavor de ser lançada nas chamas, de ser surpreendida tendo

---

* Publicado em 1946, o romance de Cid Ricketts Sumner conta a história de uma jovem enfermeira negra de pele clara que passa por branca e tenta se casar com um médico branco. (N. T.)

parte com o demônio. Ela assumia esta doutrina implacável sem reservas, barganhando descaradamente com a graça divina: Deus e a salvação tornavam-se sua propriedade pessoal, adquirida com a moeda da virtude. Aqui, negro equivale ao mal, e branco, ao bem; cônscia da necessidade de boas ações, a autora, se não podia expulsar os negros — uma massa miserável e oprimida que, como uma obsessão, parecia se impor a seu olho interior —, também não podia abraçá-los sem purificá-los do pecado. Tornava-se necessário cobrir-lhes a nudez intimidadora, envolvê-los em vestes brancas, as vestes da salvação; somente assim ela própria poderia libertar-se do pecado onipresente, somente assim ela poderia enterrar, como são Paulo exigia, "o homem carnal, o homem de carne". Tomás, portanto, o único homem negro do livro, foi despido de sua humanidade e despojado de seu sexo. É o preço da escuridão que o marcou a ferro.

A cabana do pai Tomás, portanto, é ativado pelo que podemos denominar terror teológico, o terror da danação; e o espírito que anima esse livro — quente, farisaico, temeroso — não é diferente daquele espírito medieval que procurava exorcizar o mal queimando bruxas; tampouco difere daquele terror que galvaniza uma multidão de linchadores. Mas na verdade nem é preciso procurar exemplos tão históricos e espalhafatosos; trata-se de uma guerra travada cotidianamente no coração, uma guerra tão vasta, implacável e poderosa que faz com que um aperto de mão inter-racial ou um casamento inter-racial sejam tão torturantes quanto um enforcamento público ou um estupro secreto. Esse pavor motiva nossa crueldade, esse medo do escuro força nossas vidas a permanecerem superficiais; e vem alimentar e somar-se à nossa civilização reluzente, mecânica, inescapável, que condenou à morte nossa liberdade.

Isso, muito embora o objetivo assumido dos romances de protesto americanos seja dar mais liberdade aos oprimidos. Eles são perdoados, graças a essas boas intenções, por maior que seja a violência que eles imponham à linguagem, por maiores que sejam suas violações da verossimilhança. De fato, observar que esses livros são ao mesmo tempo mal escritos e terrivelmente inverossímeis é expor-se à acusação de frivolidade, de uma frivolidade que chega às raias da decadência. Argumenta-se que é preciso respeitar as prioridades, que o bem da sociedade vem antes das sutilezas do estilo e da boa construção de personagens. Mesmo se tal afirmação fosse incontestável — pois o que, exatamente, é o "bem" da sociedade? —, ela implica uma confusão insolúvel, já que literatura e sociologia não são a mesma coisa; e é impossível discuti-las como se o fossem. Nossa paixão pela categorização, por classificar a vida em escaninhos bem delimitados, nos levou a uma situação imprevista e paradoxal de aflição, de confusão, de crise do significado. As categorias que se destinavam a definir e controlar o mundo para nós tiveram o efeito de atirar-nos no caos; e é nesse limbo que rodopiamos, agarrados às nossas frágeis definições. O "romance de protesto", longe de ser perturbador, é aceito como um aspecto reconfortante do cenário americano, uma ramificação da estrutura que julgamos necessária. As questões inquietantes por eles levantadas são evanescentes, titilantes; remotas, pois nada têm a ver conosco; situam-se no contexto protegido da arena social, onde, na verdade, não dizem respeito a nenhum indivíduo, de modo que a leitura de um livro assim nos proporciona o frisson nítido e emocionante de nos sentirmos virtuosos, justamente porque o estamos lendo. Essa reportagem sobre as regiões abissais nos assegura de sua realidade, de suas trevas e da nossa salvação pessoal; pois "enquanto esses livros estiverem sendo publicados", disse-me uma vez um liberal americano, "está tudo bem".

A menos, porém, que nosso ideal de sociedade seja uma corrida de nulidades trabalhadoras, cuidadosamente analisadas, não podemos levar a sério as pretensões elevadas dos romances de protesto, nem compartilhar o otimismo atual em relação a eles. Pelo contrário, constatamos que eles são o que são: um espelho da nossa confusão, da nossa desonestidade, do nosso pavor, encarcerados e imobilizados que estamos na prisão ensolarada do sonho americano. Eles não passam de fantasias sentimentais, sem qualquer ligação com a realidade, na mesma medida em que são uma fantasia filmes como *Os melhores anos de nossas vidas* ou os livros do sr. James M. Cain. Sob a deslumbrante pirotecnia dessas óperas contemporâneas, ainda podemos discernir, como força controladora, as intensas preocupações teológicas da sra. Stowe, as vacuidades doentias de *The Rover Boys*.* Em última análise, o objetivo do romance de protesto é bem semelhante ao zelo daqueles missionários alabastrinos que vão à África para cobrir a nudez dos nativos e empurrá-los para os braços pálidos de Jesus, onde eles encontram a escravidão. O objetivo agora é reduzir todos os americanos às dimensões compulsivas e exangues de um sujeito chamado Joe.

É um curioso triunfo da sociedade — e também uma deficiência dela — sua capacidade de convencer as pessoas a quem ela atribui um status inferior de que essa inferioridade é real; ela tem a força e as armas que lhe permitem transformar suas afirmações em fatos, de modo que os supostos inferiores se tornam inferiores de fato, no que diz respeito às realidades sociais. O fenômeno hoje é mais disfarçado do que no tempo da escravidão, mas não é menos implacável. Agora, tal como antes, nos vemos acorrentados, fisicamente de início, e depois interiormente, pela natureza de nossa categorização. E não é clamando contra essa armadilha que

---

* Série de livros para o público juvenil, de Arthur M. Winfield (pseudônimo de Edward L. Stratemeyer), publicada entre 1899 e 1926, que continha representações racistas de personagens negros, chineses, irlandeses etc. (N. T.)

escapamos dela: é como se a própria tentativa de fuga fosse o único movimento necessário para acionar o mecanismo da arapuca. Sem dúvida, é dentro dessa gaiola de realidade em que nascemos, e debatendo-nos contra ela, que adquirimos nossa forma; e no entanto é justamente por dependermos dessa realidade que somos traídos o tempo todo. O que mantém a sociedade coesa é nossa necessidade; nós a mantemos unida com lendas, mitos, coerções, temendo que sem ela sejamos lançados naquele vazio no qual, tal como a terra antes de ser pronunciado o Verbo, estão ocultos os alicerces da sociedade. É deste vazio — nós mesmos — que a sociedade tem a função de nos proteger; mas é só esse vazio, nossos eus desconhecidos, sempre a exigir um novo ato de criação, que pode nos salvar "do mal que há no mundo". Com o mesmo movimento, e ao mesmo tempo, é em prol disso que lutamos de modo incansável, e é disso que, incansavelmente, nos esforçamos para fugir.

Não esqueçamos que oprimido e opressor estão unidos no interior de uma mesma sociedade; eles aceitam os mesmos critérios, compartilham as mesmas crenças, dependem da mesma realidade. Dentro dessa gaiola, é romantismo — mais ainda, não faz sentido — dizer que o oprimido deseja uma "nova" sociedade, pois o oprimido depende de tal modo dos adereços da realidade por ele compartilhado com o *Herrenvolk* [povo de senhores] que uma sociedade verdadeiramente "nova" é algo inconcebível. O que se quer dizer quando se fala numa nova sociedade é uma sociedade em que as desigualdades desaparecerão, em que a vingança será efetuada; ou não haverá nenhum oprimido, ou então oprimido e opressor trocarão de lugar. Mas, em última análise, a meu ver, o desejo rejeitado é na verdade uma elevação de status, a aceitação no seio da comunidade atual. Assim, o africano, exilado, pagão, levado do leilão de escravos para a plantação, cai de joelhos diante daquele Deus em Quem ele deve crer agora, o Deus que o fez, mas não à Sua imagem. Esse tableau, essa impossibilidade, é a herança do negro na América: *Lavai-me*, grita o escravo a seu Criador, *e serei mais branco, mais branco do que a neve!* Pois o negro é a cor do mal; apenas as vestes dos que foram salvos são brancas. É com esse grito, implacável no ar e dentro do crânio, que o negro tem de conviver. Por trás do conhecido catálogo de brutalidades — que de algum modo nos traz à mente a imagem, a lembrança de sinos de igreja saturando o ar — está a realidade, parte do mesmo pesadelo, da qual ele foge e a qual, ao mesmo tempo, ele corre para abraçar. Nos Estados Unidos de agora, este país dedicado à morte do paradoxo — e que pode, portanto, ser morto por um paradoxo —, sua situação é tão ambígua quanto um tableau em Kafka. Fugir ou não fugir, mover-se ou permanecer imóvel, dá no mesmo; seu destino está escrito em sua testa, marcado em seu coração. Em *Filho nativo*, Bigger Thomas, parado numa esquina em Chicago, vendo aviões pilotados por homens brancos voando contra o sol, exclama: "Que diabo!". Seu ressentimento borbulha como sangue, com a lembrança de um milhão de insultos, a casa horrível em que mora, infestada de ratos, a humilhação dos programas federais de auxílio, as rixas intensas, insensatas, mesquinhas, que ele odeia; o ódio arde nessas páginas como fogo de enxofre. Toda a vida de Bigger é controlada e definida por seu ódio e seu medo. E, mais adiante, seu medo o impele ao assassinato, seu ódio o leva ao estupro; por fim, ele morre, e somos informados de que foi graças a essa violência que, pela primeira vez, ele teve uma espécie de vida, pela primeira vez afirmou sua masculinidade. Por trás da superfície desse romance, a meu ver, temos a continuação, o complemento da lenda monstruosa que o livro tem o objetivo de destruir. Bigger é um descendente do pai Tomás, carne de sua carne, seu oposto tão exato que, quando os livros são colocados lado a lado, temos a impressão de que o romancista negro contemporâneo e a autora da Nova Inglaterra morta há tantos anos estão atracados, numa luta de morte intemporal; ela proferindo exortações implacáveis, ele gritando xingamentos. E, de fato, nessa teia de luxúria e fúria, negros e brancos não podem fazer outra coisa que não atacar e contra-atacar, ansiar para que o outro morra de uma morte lenta e terrível; morra torturado, dissolvido em ácido, apunhalado, queimado; o golpe, o contragolpe e o anseio tornam ainda mais pesada aquela nuvem que cega e sufoca a ambos, afundando-os no abismo juntos. É assim que a gaiola trai a todos nós, nesse momento, nossas vidas sendo reduzidas a nada por nossas terríveis tentativas de afirmá-la. Pois a tragédia de Bigger não é ser frio ou ser negro ou estar faminto, nem mesmo ser um negro americano, e sim o fato de que ele aceitou uma teologia que lhe nega a vida, de que ele admite a possibilidade de ser sub-humano e se sente impelido, portanto, a lutar por sua humanidade segundo os critérios brutais que herdou ao nascer. Mas nossa humanidade é nosso fardo, nossa vida; não precisamos lutar por ela; basta fazer o que é infinitamente mais difícil — isto é, aceitá-la. O romance de protesto fracassa por rejeitar a vida, o ser humano, por negar sua beleza, seu pavor, seu poder, ao insistir que apenas sua categorização é real e não pode ser transcendida.

Muitos milhares de mortos

É só através da sua música — a qual os americanos conseguem admirar porque um sentimentalismo protetor lhes restringe a compreensão dela — que o negro dos Estados Unidos pode contar sua história. É uma história que ainda não foi contada de nenhuma outra forma e que nenhum americano está preparado para ouvir. Como resultado inevitável de coisas que não são ditas, até hoje nos vemos oprimidos por um silêncio perigoso e reverberante; e a história é contada, de modo compulsivo, por meio de símbolos e signos, em hieróglifos; ela se revela na fala dos negros e na da maioria branca, com seus referenciais diferentes. As maneiras como o negro afetou a psicologia dos americanos vêm à tona em nossa cultura popular e em nossa moralidade; nossa alienação em relação a ele atesta a profundidade de nossa alienação em relação a nós mesmos. Não podemos perguntar: como nos sentimos *realmente* em relação a ele? Uma pergunta dessas tem apenas o efeito de escancarar os portões do caos. O modo como realmente nos sentimos em relação ao negro tem a ver com o modo como nos sentimos em relação a tudo e todos, inclusive nós mesmos.

A história do negro nos Estados Unidos é a história dos Estados Unidos — ou, mais precisamente, a dos americanos. Não é muito bonita: a história de um povo nunca é muito bonita. O negro nos Estados Unidos, definido de modo sombrio como a sombra que atravessa a vida da nação, é muito mais do que isso. Ele é uma série de sombras, criadas por ele mesmo, entrelaçadas, que agora combatemos, impotentes. Pode-se dizer que o negro nos Estados Unidos só existe mesmo nas trevas de nossas mentes.

É por isso que sua história e sua trajetória, sua relação com todos os outros americanos, sempre foram mantidas na arena social. O negro é um problema social, e não pessoal, nem humano; pensar nele é pensar em estatísticas, cortiços, estupros, injustiças, uma violência distante; é enfrentar uma catalogação infinita de perdas, ganhos, escaramuças; é sentir-se virtuoso, indignado, desamparado, como se o status do negro no país fosse sempre de alguma forma análogo a uma doença — o câncer, talvez, ou a tuberculose — que é preciso controlar, ainda que não se possa curá-la. Nessa arena o homem negro adquire um aspecto bem diferente do que ele tem na vida real. Não sabemos o que fazer com ele na vida; se ele esfacela a imagem sociológica e sentimental que formamos dele, entramos em pânico e nos sentimos traídos. Quando ele viola essa imagem, portanto, ele corre um tremendo perigo (e, ao percebermos isso, desconfiamos, incomodados, que ele esteja muitas vezes representando um papel para que nós apreciemos); e, o que nem sempre é tão claro mas é igualmente verdadeiro, nós próprios também corremos perigo — é por isso que batemos em retirada, ou retaliamos às cegas e de imediato.

Nossa desumanização do negro, portanto, não pode ser separada da desumanização de nós mesmos: a perda de nossa própria identidade é o preço que pagamos por anularmos a dele. O tempo e a nossa força atuam como nossos aliados, criando uma tensão impossível e infrutífera entre os tradicionais papéis de senhor e escravo. Impossível e infrutífera porque, por mais literal e visível que ela tenha se tornado, essa tensão não tem nada a ver com a realidade.

O tempo fez algumas mudanças no rosto do negro. Fracassaram todas as tentativas de torná-lo exatamente igual ao nosso, embora de modo geral a intenção, ao que parece, seja a de fazer dele uma página em branco, já que ele não pode virar um rosto branco. Quando o rosto negro se tornar uma página em branco e o passado tiver sido lavado dele por completo, tal como foi lavado do nosso, nossa culpa será extinta — ou pelo menos deixará de ser visível, o que imaginamos ser quase a mesma coisa. Mas, paradoxalmente, somos nós que impedimos que isso aconteça, já que somos nós que, a cada hora que vivemos, reinvestimos o rosto negro de nossa culpa; e fazemos isso — e eis mais um paradoxo, não menos feroz que o anterior — de modo incontrolável, passional, movidos por uma necessidade inconsciente de sermos absolvidos.

Hoje, é bem verdade, sabemos que o negro não é biológica nem mentalmente inferior; não há verdade alguma nesses rumores referentes a seu odor corporal e a sua sexualidade incorrigível; ou então, se há alguma verdade, é da espécie que pode ser explicada com facilidade ou até mesmo defendida pelas ciências sociais. No entanto, em nossa guerra mais recente, seu sangue foi segregado tal como foi, de modo geral, sua pessoa. Até hoje nos vemos diante de uma divisão que o impede de casar com nossas filhas ou nossas irmãs e também — de modo geral — de comer às nossas mesas ou morar nas nossas casas. Além disso, aqueles que violam essas regras pagam o preço de uma dupla alienação: em relação à sua própria gente, cujos atributos míticos eles são obrigados a negar ou, pior ainda, baratear e levar ao mercado; e de nós, pois exigimos deles, quando os aceitamos, que imediatamente deixem de ser negros e ao mesmo tempo não esqueçam o que significa ser negro — isto é, o que ser negro significa para nós. O limiar do insulto é mais alto ou mais baixo, variando de acordo com as pessoas envolvidas, do engraxate em Atlanta à celebridade em Nova York. É preciso viajar, ir muito longe, andar entre santos que nada têm a ganhar ou párias que nada têm a perder, para encontrar um lugar onde a cor não importe — e talvez uma palavra ou um gesto ou simplesmente um silêncio indiquem que ela importa até mesmo nesse lugar.

Porque ser negro tem um significado, afinal, como tem um significado ter nascido na Irlanda ou na China, ou viver onde se vê o espaço e o céu, ou viver onde não se vê nada além de escombros ou nada além de prédios altos. Não temos como escapar de nossas origens, por mais que tentemos, dessas origens que guardam a chave — ah, se conseguíssemos encontrá-la! — de tudo que nos tornamos depois. O que significa ser negro é muito mais do que este ensaio é capaz de descobrir; podemos talvez ter uma ideia do que significa ser negro nos Estados Unidos examinando os mitos que perpetuamos a esse respeito.

A tia Jemima* e o pai Tomás morreram e foram substituídos por um grupo de negros e negras espantosamente bem ajustados, quase tão escuros quanto os estereótipos falecidos, porém com uma instrução extraordinária, bem-vestidos e limpos; ninguém jamais ri deles, e é provável que eles jamais tenham posto o pé numa plantação de algodão ou tabaco, nem em nenhuma cozinha que não seja a mais moderna que se possa imaginar. Há outros que ainda continuam sendo, para usar essa estranha expressão atual, *underprivileged*;** uns se ressentem de sua condição e se

---

* Estereótipo racial da mulher negra como uma figura serviçal, submissa aos interesses dos brancos. (N. T.)
** Eufemismo para "pobre", cujo sentido literal é "que goza de menos privilégios". (N. T.)

dão mal por isso; outros são infelizes, mas, como estão o tempo todo expostos a sinais de que dias melhores virão em breve, estão rapidamente se tornando menos infelizes. Em sua maioria, não dão nenhuma importância à raça a que pertencem. Tudo que querem é um lugar ao sol e o direito de levarem suas vidas em paz, como quaisquer outros cidadãos da República. Todos nós podemos respirar com mais tranquilidade. Antes, porém, que nossa alegria diante da morte da tia Jemima e do pai Tomás atinja as raias da indecência, é prudente que nos perguntemos: de onde brotaram essas pessoas? Como foram suas vidas? Em que limbo elas afundaram?

Por mais falsos que fossem, nossos retratos dessas pessoas indicam não apenas as condições, mas também a qualidade de suas vidas e o impacto que esse espetáculo teve sobre nossas consciências. Não havia ninguém mais tolerante do que a tia Jemima, nem mais forte, mais piedoso, mais leal nem mais sábio; ao mesmo tempo, ninguém poderia ser mais fraco, mais infiel, mais cruel e certamente mais imoral do que ela. Quanto ao pai Tomás, confiável e assexuado, bastaria perder o epíteto de "pai" para que ele se tornasse violento, astuto e ressentido, uma ameaça para qualquer mulher branca que passasse. Eles preparavam as mesas de nossos banquetes e a roupa com que éramos enterrados; e, se podíamos nos orgulhar de compreendê-los, era muito mais relevante e muito mais verdadeiro o fato de que eles nos compreendiam. Eram, além disso, as únicas pessoas no mundo que nos compreendiam; e não apenas nos conheciam melhor do que nós mesmos nos conhecíamos, como também nos conheciam melhor do que nós os conhecíamos. Esse era o tempero picante dessa pilhéria nacional, que estava por trás tanto de nossa inquietação quanto de nossa benevolência: a tia Jemima e o pai Tomás, nossas criações, em última análise nos escapavam; eles tinham uma vida — uma vida própria, talvez melhor do que a nossa — e nunca nos diziam como ela era. No momento em que éramos levados, da forma mais íntima e dolorosa, a imaginar que profundidades de desprezo, que píncaros de indiferença, que prodígios de resiliência, que superioridade indomável lhes permitia resistir de modo tão intenso, nem morrendo nem se rebelando como um corpo único para nos eliminar da face da terra, a imagem espatifou-se para sempre e a palavra falhou. O negro que vivia em meio a nós guardava um ódio assassino no coração, queria vingança. Nós também guardávamos um ódio assassino, nós queríamos paz.

Em nossa imagem do negro perdura o passado que negamos, não morto mas ainda vivo e poderoso, a fera em nossa selva de estatísticas. É isso que nos derrota, que continua a nos derrotar, que instaura nas reuniões sociais inter-raciais sua atmosfera tensa, polida, cheia de sorrisos nervosos: nessas reuniões, a qualquer momento a fera pode atacar, enchendo o ar de projéteis e gemidos nada civilizados. Onde quer que o problema se instaure, surge a confusão, o perigo. Onde quer que o rosto negro apareça, brota uma tensão, a tensão de um silêncio preenchido por coisas indizíveis. É um erro sentimental, portanto, acreditar que o passado está morto; não significa nada dizer que tudo foi esquecido, que o próprio negro esqueceu. Não se trata de uma questão de memória. Édipo não se lembra das correias que prendiam seus pés; no entanto, as marcas que elas deixaram apontavam para a desgraça rumo à qual seus pés seguiam. O homem não se lembra da mão que o golpeou, da escuridão que o assustou, quando criança; mas a mão e a escuridão permanecem com ele, para sempre inseparáveis de sua própria pessoa, parte da paixão que o impele para onde quer que ele tente fugir.

A formação do americano começa naquele momento em que ele rejeita todos os outros laços, todas as outras histórias, e adota o traje de sua terra adotiva. Esse problema tem sido enfrentado por todos os americanos ao longo da nossa história — num certo sentido, ele *constitui* a nossa história —, e ele desconcerta o imigrante e tensiona a segunda geração até hoje. No caso do negro, o passado lhe foi subtraído, mesmo contra a sua vontade; porém, renegar esse passado não fazia sentido e não adiantava nada, pois sua história vergonhosa era ostentada, literalmente, na testa. Vergonhosa, sim, pois ele era pagão, além de negro, e jamais viria a descobrir o sangue redentor de Cristo se nós não tivéssemos desbravado as selvas para lhe trazer as boas-novas. Vergonhosa, sim, pois, como o nosso papel de missionário não tinha sido de todo desinteressado, era necessário recordar a vergonha da qual redimimos o negro para escapar mais facilmente da nossa própria vergonha. Como ele aceitou o Cristo alabastrino e a cruz sangrenta — e ao carregar essa cruz ele encontraria sua redenção, como, para nosso espanto e nossa indignação, às vezes a encontrava de fato —, o negro devia, doravante, aceitar aquela imagem de si próprio que nós lhe conferimos: pois não tinha outra e permanecia, além disso, em perigo de morte se recusasse a luz ofuscante introduzida nessa escuridão. É esse dilema bem simples que devemos ter em mente se quisermos compreender sua psicologia.

Por mais que alteremos a luz que bate com ferocidade em sua cabeça, ou *provemos*, pela análise social vitoriosa, o quanto mudou sua sorte, como tanto ele quanto nós melhoramos, nossa inquietação se recusa a ser exorcizada. E em nenhum lugar isso é mais visível do que em nossa literatura sobre o assunto — literatura "social" quando escrita por brancos, "de protesto" quando escrita por negros —, e nada é mais impressionante do que a tremenda disparidade de tom entre essas duas literaturas. *O nobre sr. Kingsblood*, por exemplo, quase não tem parentesco com *Se ele chiar deixa rolar*, embora os mesmos resenhistas tenham elogiado ambos os livros por razões, no fundo, idênticas.* Podemos resu-

---

* *Kingsblood Royal* (1947), de Sinclair Lewis, branco; e *If He Hollers Let Him Go* (1945), de Chester Himes, negro. (N. T.)

mir essas razões, de forma muito abreviada mas sem distorcê-las em absoluto, observando que o pressuposto dos dois romances é exatamente o mesmo: é terrível nascer com pele negra neste mundo.

A afirmação mais poderosa e célebre que já tivemos do que significa ser negro nos Estados Unidos é, sem dúvida, *Filho nativo*, de Richard Wright. Quando foi publicado, a impressão que mais se disseminou foi a de que um romance como esse — amargo, intransigente, chocante — provava, pela sua própria existência, como era possível avançar numa democracia livre; e seu sucesso indiscutível era prova de que os americanos agora eram capazes de encarar, sem recuos, a terrível realidade. Os americanos, infelizmente, têm a notável capacidade de transmutar todas as verdades amargas num confeito inócuo, porém saboroso, e transformar suas contradições morais, ou a discussão pública de tais contradições, em uma condecoração meritória, tais como as que são conferidas por heroísmo no campo da batalha. Um livro assim, pensávamos orgulhosos, nunca poderia ter sido escrito antes — o que era verdade. Tampouco poderia ser escrito hoje. Ele já se tornou um marco; pois Bigger e seus irmãos sofreram mais uma metamorfose: passaram a ser aceitos nas divisões de beisebol e em faculdades até então exclusivas; e passaram a ser presenças muito positivas na tela nacional. Ainda não encontramos, no entanto, um relato tão indiscutivelmente autêntico, que possa sequer rivalizar com este romance importantíssimo.

Seguindo uma certa tradição americana, o livro é a história de um rapaz sem nada excepcional em conflito com a força das circunstâncias — as circunstâncias que desempenham há muito tempo um papel fundamental nas fábulas nacionais de sucesso ou fracasso. Nesse caso, as circunstâncias em questão são a pobreza e também a cor, uma circunstância que não pode ser superada, contra a qual o protagonista trava uma luta de vida ou morte, e perde. À primeira vista, pode parecer surpreendente que esse livro tenha sido tão bem recebido pelo público americano; não mais notável, no entanto, que tenha sido comparado, de modo exuberante, a Dostoiévski, ainda que considerado um pouco inferior a Dos Passos, Dreiser e Steinbeck; mas, quando examinamos o livro, seu impacto não parece nem um pouco surpreendente, tornando-se, pelo contrário, perfeitamente lógico e inevitável.

Não podemos, para começo de conversa, desvincular esse livro do clima social da época em que surgiu: foi uma daquelas últimas produções raivosas que marcaram o final dos anos 1920 e toda a década de 1930, e que tratam das desigualdades características da estrutura social do país. Foi publicado um ano antes de entrarmos na última guerra mundial — ou seja, pouco depois da dissolução da WPA* e o final do New Deal, num momento em que os dispensários dos pobres e os sangrentos conflitos de trabalhadores estavam vivos nas lembranças de todos. Reagimos aos rigores daquele período inesperado não apenas com um idealismo genuinamente perplexo e desesperado — foi assim que, por haver ao menos uma *causa* por que lutar, jovens partiram para a Espanha e lá morreram —, mas também com uma consciência genuinamente desnorteada. O negro, que durante a magnífica década de 1920 fora um primitivo passional e fascinante, tornou-se então, na condição de uma das nossas maiores causas de constrangimento, nossa minoria mais oprimida. Nos anos 1930, lendo Marx com devoção, descobrimos o Trabalhador e percebemos — imagino que com um certo sentimento de alívio — que os objetivos do Trabalhador e os objetivos do Negro eram idênticos. Esse

---

* Work Projects Administration, agência governamental criada durante o período do New Deal com o intuito de proporcionar trabalho em obras públicas para boa parte dos trabalhadores que ficaram desempregados depois do *crash* da Bolsa de 1929. (N. T.)

teorema — ao qual voltaremos adiante — agora nos dá a impressão de não explicar muita coisa; mesmo assim, ele tornou-se um dos slogans da "luta de classes" e o evangelho do Novo Negro.

Quanto a este Novo Negro, Wright tornou-se seu porta-voz mais eloquente; e sua obra, desde o início, é claramente comprometida com a luta social. Deixando de lado a questão complexa da relação exata entre o artista e o revolucionário, a realidade do homem como ser social não é sua única realidade, e o artista que é forçado a lidar com seres humanos apenas em termos sociais termina sufocado; a Wright, além disso, foi imposto o ônus de representar cerca de 13 milhões de pessoas. Trata-se de uma responsabilidade falsa (já que os escritores não são deputados) e impossível, por sua própria natureza, de ser cumprida. O infeliz pastor logo constata que, longe de ser capaz de alimentar as ovelhas famintas, não consegue mais sequer alimentar a si próprio: pois não lhe foi permitido — por ser tão onerosa sua responsabilidade, por estar tão ostensivamente presente seu público — recriar sua própria experiência. Além do mais, os homens e mulheres militantes dos anos 1930, como se percebe ao examinar a questão, não estavam de todo emancipados de seus predecessores, por mais que se considerassem radicalmente distanciados deles, e por mais que lutassem de modo tão corajoso para construir um mundo melhor. Ainda que exaltassem a Rússia, sua visão de um mundo melhor não podia deixar de ser americana, e traía uma certa pobreza de imaginação, uma duvidosa confiança em fórmulas duvidosas e mal digeridas, e uma pressa romântica que era sem dúvida afoita. Por fim, a relação entre o Negro e o Trabalhador não pode ser resumida, nem mesmo explicada, de modo suficiente dizendo-se que seus objetivos são os mesmos. Isso só é verdade na medida em que ambos desejam melhores condições de trabalho, e só é relevante na medida em que eles juntam forças como trabalhadores para alcançar esses fins. Se formos honestos, não podemos ir além disso.

Foi nesse clima que a voz de Wright se fez ouvir pela primeira vez, e o conflito que por algum tempo parecia dar forma e objetivo à sua obra teve também o efeito de fixar nela uma ira cada vez menos recompensadora. Ao registrar, porém, seus dias de ira, Wright registrou também, como nenhum negro jamais fizera, a fantasia que os americanos têm em mente quando falam sobre o negro: aquela imagem fantástica e assustadora com a qual convivemos desde que o primeiro escravo sofreu os golpes de uma chibata. A importância de *Filho nativo* está nisso, e aí reside também, infelizmente, sua limitação esmagadora.

Filho nativo começa com o *triim!* de um despertador no cortiço miserável de Chicago onde Bigger mora com a família. Lá vivem também ratazanas, que buscam comida no lixo, e somos apresentados a Bigger quando ele está matando uma delas. Podemos encarar todo o livro, desde aquele *triim!* áspero até o débil "adeus" que Bigger dirige ao advogado, Max, quando este sai de sua cela de condenado à morte, como uma extensão dessa terrível metáfora, com os papéis invertidos. A situação de Bigger e a própria pessoa de Bigger exercem sobre a mente do leitor o mesmo tipo de fascínio. O pressuposto básico do livro, na minha leitura, é claramente expresso nessas primeiras páginas: estamos diante de um monstro criado pela República norte-americana, e, por sermos levados a compartilhar sua experiência, vamos conhecer a vida que ele leva, e reagir ao mesmo tempo com piedade e horror ao destino horrendo e inevitável que o espera. A ideia é interessante e potencialmente rica, e estaríamos discorrendo sobre um romance muito diferente se Wright tivesse sido mais perspicaz ao escrevê-lo e não tivesse tentado redimir um monstro simbólico em termos sociais.

Pode-se contra-argumentar que a intenção de Wright era justamente criar em Bigger um símbolo social, que revelasse as mazelas sociais e profetizasse a catástrofe. Creio, porém, que é sobre esse pressuposto que devemos nos deter com mais cuidado. Bigger não tem nenhuma relação perceptível consigo mesmo, com sua própria vida, sua gente, nem com quaisquer outras pessoas — é sob esse aspecto, talvez, que ele é mais profundamente americano — e sua força deriva não de sua importância como unidade social (ou antissocial), e sim de seu significado como encarnação de um mito. É notável constatar que, embora acompanhemos passo a passo seu percurso do quarto no cortiço até a cela onde aguarda a execução, Bigger é para nós tão desconhecido ao final de sua trajetória quanto era no começo; mais notável ainda, não sabemos quase nada sobre a dinâmica social que, somos levados a acreditar, o gerou. Apesar dos detalhes sobre a vida no cortiço que nos são apresentados, não acredito que ninguém que tenha pensado na questão, desvinculando-se do sentimentalismo, consiga aceitar sequer por um momento o pressuposto mais essencial do romance. Já os outros negros que circulam ao redor de Bigger — sua mãe trabalhadeira, sua irmã ambiciosa, seus amigos da sinuca, Bessie — poderiam ser encarados como exemplos bem mais ricos e ilustrações bem mais sutis e precisas das maneiras como os negros são controlados na nossa sociedade, e também das técnicas complexas que eles desenvolvem para sobreviver. No entanto, somos limitados à visão que Bigger tem deles, como parte de um plano calculado que talvez não fosse desastroso se não fôssemos também limitados às percepções de Bigger. O que isso acarreta para o romance é a supressão de uma dimensão necessária, dimensão essa que é a teia de relações entre os negros construída por eles, aquela profundeza de envolvimento e reconhecimento tácito de experiências compartilhadas que gera uma forma de vida. O que o romance reflete — e em momento algum interpreta — é o isolamento do negro dentro do grupo em que ele próprio vive, e a fúria de desprezo impaciente que resulta desse isolamento. É essa a origem do clima de anarquia e catástrofe imotivada e inesperada; e é esse clima — que prevalece na maioria dos romances de protesto de autores negros — que nos convence a todos de que na vida do negro não há nenhuma tradição, nenhuma estrutura de costumes, nenhuma possibilidade de rituais e interações, como as que sustentam, por exemplo, o judeu mesmo depois que ele sai da casa dos pais. O problema, porém, não é o negro não ter uma tradição, e sim não haver ainda surgido uma sensibilidade profunda e vigorosa o bastante para dar voz a essa tradição. Pois, no final das contas, o que uma tradição exprime não é nada mais do que a experiência prolongada e dolorosa de um povo; ela emerge da luta pela integridade ou — em termos mais simples — pela sobrevivência. Quando falamos da tradição judaica, falamos de séculos de exílios e perseguições, da força que resistiu e da sensibilidade que descobriu nessa força a possibilidade elevada de uma vitória moral.

Não temos uma percepção de como os negros vivem e como eles vêm resistindo há tanto tempo, em parte por efeito da velocidade com que está se dando a ascensão do negro na esfera pública, uma ascensão tão complexa, tão desconcertante e caleidoscópica que o negro não se atreve a parar para pensar na escuridão da qual ele emergiu; e em parte por causa da natureza da mentalidade americana, que para apreender ou poder aceitar essa ascensão terá de sofrer uma metamorfose tão profunda a ponto de ser literalmente impensável, uma metamorfose a que, sem dúvida, resistiremos até sermos obrigados a compreender a nossa própria identidade pelos rigores de um tempo que ainda não chegou. Enquanto isso, Bigger e todos os seus semelhantes furiosos servem apenas para aguçar o notório apetite nacional pelo sensacionalismo, e para reforçar tudo o que agora julgamos necessário acreditar. Não é Bigger que tememos, pois seu surgimento entre nós torna a nossa vitória certa. São os outros — que sorriem, frequentam a igreja e não dão motivo para queixas, os outros de quem às vezes achamos graça ou sentimos pena ou até mesmo afeto, em cujos rostos às vezes surpreendemos um mínimo vestígio arrogante de ódio, o laivo mais atenuado, interiorizado e incerto de desprezo — que nos deixam inquietos; os que bajulamos, ameaçamos, seduzimos, tememos; e que para nós permanecem desconhecidos, embora (é o que sentimos, com um misto de alívio e hostilidade, numa completa confusão emocional) nós não sejamos desconhecidos para eles. É com base na nossa reação a eles, os que cortam lenha e buscam água no poço, que foi criada nossa imagem de Bigger.

É essa imagem, ainda viva, que tentamos sempre exorcizar com boas ações; e é essa imagem que transforma todas as nossas boas ações numa intolerável paródia. O *"nigger"*, preto, ignorante, brutal, tão consumido pelo ódio quanto nós somos consumidos pela culpa, não pode ser simplesmente apagado desse modo. Ele está ao nosso lado quando damos à nossa empregada o seu salário; é a mão dele que tememos estar apertando quando nos esforçamos para nos comunicar com o negro "inteligente" do momento; é seu fedor, por assim dizer, que enche de sal nossas bocas quando é inaugurado o monumento em homenagem ao mais recente líder negro. Todas as gerações gritaram *Nigger!* quando ele passava pela rua; é com ele que não queríamos que nossas irmãs se casassem; ele é expulso para a treva exterior, imensa e cheia de lamúrias, sempre que falamos da "pureza" das nossas mulheres, da "santidade" dos nossos lares, de nossos ideais "americanos". Além do mais, ele sabe disso. Ele é de fato o "filho nativo": ele é o *"nigger"*. Por ora, deixemos de lado a questão de sua existência ou inexistência, porque o fato é que nós *acreditamos* que ele existe. Sempre que o encontramos entre nós em carne e osso, nossa fé se torna perfeita, e sua morte necessária e sangrenta é cumprida com um êxtase místico feroz.

Mas existe uma fé complementar entre os condenados que os leva a recolher as pedras com as quais eles serão apedrejados pelos que caminham na luz; ou então existe, entre os que vivenciam uma degradação intolerável, um desejo perverso e poderoso de introduzir na arena do real esses crimes fantásticos de que eles foram acusados, realizando sua vingança e sua própria destruição ao tornarem real o pesadelo. A imagem americana do negro também vive no coração do negro; e, quando ele se entrega a essa imagem, a vida não tem outra realidade possível. Então o negro, tal como o inimigo branco que um dia ele vai enfrentar num combate mortal, não tem outro meio de afirmar sua identidade senão esse. É por isso que o assassinato de Mary cometido por Bigger pode ser visto como um "ato de criação", e é por isso que, tendo cometido esse assassinato, ele pode sentir pela primeira vez que está vivendo plena e profundamente como um homem deveria viver. E não há, creio eu, nenhum negro vivendo nos Estados Unidos que não tenha sentido, por instantes ou por períodos demorados, com uma angústia aguda ou crônica, em maior ou menor grau e com efeitos diversos, um ódio puro e simples, cru e irrespondível; que não tenha sentido ímpetos de socar qualquer rosto branco que ele venha a encontrar um dia, de violar, movido pela vingança mais cruel, as mulheres dos brancos, de destroçar os corpos de todas as pessoas brancas e reduzi-las ao mesmo pó a que ele próprio foi reduzido e que está sendo pisado; nenhum negro, por fim, que não tenha sido obrigado a ajustar-se, à sua precária maneira, ao "*nigger*" que o cerca e ao "*nigger*" que vive dentro dele.

No entanto, há que se ajustar — melhor dizendo, tentar ajustar-se, com uma tensão constante —, pois se não o fizer ele abrirá mão tanto de seu direito inato de homem quanto do direito inato que lhe cabe como negro. Assim, todo o universo é povoado exclusivamente por seus inimigos, que são não apenas homens brancos armados de cordas e rifles como também seus próprios semelhantes desprezíveis, espalhados pelo mundo. A negritude desses homens é a sua própria degradação, e a estupidez e a resistência passiva deles é que tornam o seu fim inevitável.

Bigger sonha com um negro que seja capaz de fundir todos os negros em um punho forte, e sente, em relação à sua família, que talvez eles tenham sido obrigados a viver como viveram justamente porque nenhum deles jamais fez nada, certo ou errado, que tivesse alguma importância. Apenas ele, cometendo um assassinato, arrebentou a cela do calabouço. Dessa maneira, afirmou de modo explícito que *ele* está vivo e que seu sangue desprezado alimenta as paixões de um homem. Bigger forçou seus opressores a ver o fruto dessa opressão: e sente, quando sua família e seus amigos vêm visitá-lo na cela, que eles não deviam chorar nem manifestar medo, e sim se mostrar felizes, *orgulhosos* por ele ter ousado, através do assassinato e agora através de sua própria morte iminente, redimir a ira e a humilhação deles; por ele ter lançado na treva desanimada de suas existências a tocha de sua vida e morte passionais. De agora em diante, hão de se lembrar de Bigger — que morreu, podemos concluir, por eles. Mas não é assim que reagem seus familiares e amigos; eles só sabem que Bigger assassinou duas mulheres e desencadeou um reinado de terror; e que agora ele vai morrer na cadeira elétrica. Por isso choram e estão sinceramente assustados — e por esse motivo Bigger os despreza e deseja "apagá-los". O que faz falta na situação de Bigger e na representação de sua psicologia — e torna sua situação falsa e sua psicologia incapaz de desenvolvimento — é toda e qualquer apreensão reveladora de Bigger como uma das realidades do negro, ou como um dos papéis que cabem ao negro. Esta falha está ligada à outra falha mencionada acima: a ausência de qualquer manifestação da vida dos negros como uma realidade grupal persistente e complexa. Bigger, que não pode, portanto, funcionar como reflexo da doença social, não tendo, por assim dizer, nenhuma sociedade para refletir, também se recusa a funcionar no nível mais elevado de um símbolo de Cristo. Seus parentes têm razão de chorar e sentir medo, e até de horrorizar-se: pois não é o seu amor por eles ou por si próprio que leva Bigger à morte, e sim seu ódio pelos outros e por si próprio; Bigger não redime as dores de um povo desprezado, porém revela, pelo contrário, apenas o ressentimento feroz que sente por ter nascido membro desse povo. Também nisso ele é o "filho nativo": seu avanço é uma função da velocidade com que aumenta a distância entre ele e o leilão de escravos, e tudo o que o leilão de escravos implica. Se houvesse penetrado esse fenômeno, esse conflito interior entre amor e ódio, raça negra e raça branca, ele ganharia uma estatura mais próxima do humano e um fim mais próximo do trágico; e nós teríamos um documento mais profundo, genuinamente amargo e menos cheio de uma raiva que é, de um lado, exibida e, de outro lado, negada.

Filho nativo acaba ficando tão preso à visão americana da vida dos negros e à necessidade americana de encontrar uma migalha de esperança que não consegue explicitar as conclusões para as quais aponta. É por isso que Bigger tem que ser afinal resgatado, recebido, mesmo que apenas pela retórica, naquela comunidade de fantasmas que é o nosso ideal, tenazmente mantido, da vida social feliz. São os brancos socialmente conscientes que o recebem — pois os negros não são capazes de tal objetividade —, e assim temos, a título de ilustração, aquela cena lamentável em que Jan, namorado de Mary, perdoa Bigger por tê-la matado; e, exprimindo a mensagem explícita do romance, o longo discurso de Max para o júri. Este discurso, que é o verdadeiro final do livro, é uma das performances mais inaceitáveis da ficção norte-americana. O que está em jogo é a questão da humanidade de Bigger, a relação entre ele e todos os outros americanos — e, por implicação, todas as pessoas —, e é precisamente essa questão que o texto não pode esclarecer, não pode sequer abordar de modo coerente. Bigger é o monstro criado pela República norte-americana, o terrível somatório atual de tantas gerações de opressão; mas dizer que ele é um monstro é cair na armadilha de torná-lo sub-humano; assim, Bigger tem que representar um modo de vida que é real e humano na exata medida em que nos parece monstruoso e estranho. A meu ver, essa ideia contém, de modo implícito, uma confissão estarrecedora: a vida dos negros seria de fato tão degradada e empobrecida quanto afirma nossa teologia; mais ainda, o modo como Wright utiliza essa ideia necessariamente decorre do pressuposto — não de todo infundado — de que os americanos, esquivando-se tanto quanto possível de toda e qualquer experiência genuína, não têm como avaliar a experiência dos outros, são incapazes de se posicionar em relação a qualquer forma de vida que não a deles. A privacidade ou obscuridade da vida dos negros faz com que ela possa, na nossa imaginação, produzir qualquer coisa; e assim, a ideia da monstruosidade de Bigger pode ser proposta sem risco de contradição, uma vez que nenhum americano tem conhecimento nem autoridade suficientes para contestá-la, e nenhum negro tem voz para fazê-lo. No contexto do romance, essa ideia é dignificada pela possibilidade, levantada de imediato, de apresentar Bigger como o arauto da catástrofe, o sinal de perigo que alerta para o momento ainda mais terrível por vir, quando não será apenas Bigger, mas todos os seus semelhantes que irão se rebelar, em nome dos muitos milhares que pereceram queimados, afogados, enforcados e torturados, exigindo a vingança a que têm direito.

Porém não me parece justo explorar a inocência dos americanos dessa maneira. A ideia de usar Bigger como sinal de alerta torna-se contraproducente não apenas por ser muito improvável que os negros norte-americanos algum dia tenham condições de se vingar do Estado, mas também porque nada indica que eles tenham vontade de fazer tal coisa. *Filho nativo* não consegue exprimir o paradoxo selvagem da situação do negro norte-americano; a realidade social que preferimos estudar, com uma superficialidade esperançosa, não passa de uma sombra da verdadeira realidade. Não se trata apenas da relação entre oprimido e opressor, senhor e escravo; tampouco a única motivação é o ódio; trata-se também, literal e moralmente, de uma relação de *sangue*, talvez a realidade mais profunda da experiência norte-americana, e não podemos sequer começar a desenredá-la enquanto não aceitarmos que ela contém muito da força, da angústia e do terror do amor.

Os negros são americanos, e o destino deles é o destino de seu país. Eles não têm outra experiência que não sua experiência neste continente; essa experiência não pode ser rejeitada, e ainda precisa ser acolhida. Se, como acredito, não há um negro americano que não tenha um Bigger Thomas dentro da sua cabeça, então a questão mais importante que não é esclarecida no romance é o ajuste paradoxal que se faz constantemente, pois o negro é obrigado a aceitar o fato de que este desconhecido sombrio, perigoso e carente de amor é uma parte dele, e sempre será. É só ao reconhecer essa condição que ele consegue adquirir certo grau de liberdade; e é isso, essa capacidade necessária de conter e até mesmo, no sentido mais honrado da palavra, *explorar* o "*nigger*", que confere tanta importância à ironia na vida do negro, e que faz com que os conterrâneos que os criticam, até mesmo os mais bem-intencionados, cometam equívocos impagáveis ao tentar entendê-los. Apresentar Bigger como sinal de alerta é simplesmente reforçar a culpa e o medo que ele inspira nos americanos; é circunscrevê-lo mais ainda àquela arena social que mencionamos antes, em que ele não tem nenhuma validade humana; é pura e simplesmente condená-lo à morte. Pois Bigger sempre foi um sinal de alerta; ele representa o mal, o pecado e o sofrimento que somos instigados a rejeitar. É perda de tempo dizer às pessoas que formam o tribunal encarregado de julgar esse pagão que ele é de responsabilidade delas, foi criado por elas, e que seus crimes a elas pertencem; e que elas deveriam, portanto, permitir que ele vivesse para conscientizar-se, encerrado na prisão, do significado de sua existência. O significado de sua existência já foi expresso da forma mais adequada; ninguém deseja, muito menos em nome da democracia, pensar mais no assunto; quanto à possibilidade de conscientização, trata-se da possibilidade que mais tememos, mais do que qualquer outra. Além disso, o tribunal, o juiz, o júri, as testemunhas e os espectadores, todos reconhecem de imediato que Bigger é criatura deles, e o reconhecem não apenas com ódio, medo, culpa e a consequente indignação hipócrita, mas também com essa mórbida plenitude de orgulho misturado com horror com que encaramos a extensão e o poder de nossa própria maldade. Todos sabem que a morte é o destino que cabe a Bigger, que ele corre em direção à morte; tendo vindo da escuridão e vivendo nas trevas, ele precisa ser banido todas as vezes que se manifestar, para que o planeta inteiro não seja ameaçado. E sabem também, por fim, que não querem perdoá-lo e que ele não deseja ser perdoado; que ele morre odiando-os, desprezando esse apelo que eles não podem dirigir à irrecuperável humanidade de Bigger, incapaz de ouvi-lo; e que ele *quer* morrer porque seu ódio é sua glória, preferindo, como Lúcifer, reinar no inferno a servir no céu.

Pois, levando-se em conta a premissa em que se baseia a vida de um homem assim — ou seja, a de que o negro é a cor da danação —, esse é o seu único fim possível. É a única morte que lhe conferirá alguma dignidade, e até mesmo, ainda que do modo mais horrendo, alguma beleza. Contar a história desse homem, que não passa de um único aspecto da história do *"nigger"*, implica, de modo inevitável e enfático, envolver-se com a força da vida e lenda, o modo como cada um assume perpetuamente a aparência do outro, criando aquela realidade densa, multifacetada e cambiante que é o mundo em que vivemos e o mundo que criamos. Contar sua história é começar a libertar-nos da sua imagem, e nos leva, pela primeira vez, a atribuir carne e osso a esse fantasma, aprofundando, por meio de nossa compreensão dele e de seu relacionamento conosco, nossa compreensão de nós mesmos e de todos os homens.

Mas não é essa a história contada em *Filho nativo*, pois tudo que encontramos aqui é a história, repetida com raiva, que contamos com orgulho. Mais ainda: como as implicações dessa raiva são deixadas de lado, tampouco somos levados a enfrentar o significado real ou potencial de nosso orgulho; e é por isso que nos identificamos de tal modo com o longo e amargo arrazoado de Max. Ele se dirige àqueles de nós que são de boa vontade, e parece dizer que, embora existam em nosso meio brancos e negros que odeiam uns aos outros, nós não odiaremos; há os que são traídos pela ganância, pela culpa, pela sede de sangue, mas nós, não; nós vamos enfrentá-los e dar as mãos e caminhar juntos rumo àquele futuro deslumbrante em que não haverá brancos e negros. Este é o sonho de todos os homens liberais, um sonho que não é de modo algum desonroso, mas que assim mesmo não passa de um sonho. Pois ainda que nos demos as mãos no alto desta montanha, a guerra lá embaixo continua. A guerra continua longe de nós, no calor, no horror e na dor da vida real, em que todos os homens são traídos pela ganância, pela culpa, pela sede de sangue, e em que ninguém tem as mãos limpas. Nossa boa vontade, em cujo poder transformador confiamos, é fraca, desprovida de paixão, estridente: suas raízes, quando as examinamos, nos levam de volta a nossos antepassados, que partiam do pressuposto de que o negro, para tornar-se verdadeiramente humano e aceitável, deveria antes de mais nada tornar-se semelhante a nós. Aceito esse pressuposto, só resta ao negro norte-americano consentir na anulação de sua própria personalidade, na distorção e degradação de sua própria experiência, entregando-se às forças que reduzem a pessoa ao anonimato e que se manifestam a cada dia em todo este mundo cada vez mais tenebroso.

Carmen Jones: negro, mas não muito

A curiosa capacidade de Hollywood de ordenhar, por assim dizer, a vaca e a cabra ao mesmo tempo — e depois vender o produto como refrigerante — poucas vezes produziu coisas mais surpreendentes do que *Carmen Jones*, um filme de 1955. Em Hollywood, por exemplo, a imoralidade e o mal (que são sinônimos no léxico de lá) são sempre severamente punidos, embora seja a trajetória do transgressor — cruel, talvez, mas de modo algum desprovida de encantos — que nos mantenha sentados na beira da poltrona, e o transgressor (ou transgressora) que conte com toda a nossa simpatia. Assim, em *Carmen Jones*, o paralelo implícito entre uma cigana amoral e uma negra amoral é a premissa básica da história; ao mesmo tempo, porém, levando-se em conta todas as mudanças que aconteceram entre *O nascimento de uma nação** até agora, é importante que o filme sempre repudie qualquer insinuação de que os negros são amorais — o que só se

---

* Filme de 1915, de D. W. Griffith (1875-1948), pioneiro da arte cinematográfica, que celebra a Ku Klux Klan. (N. T.)

torna possível, dado o papel do negro na psique nacional, repudiando-se toda e qualquer insinuação de que os negros não sejam brancos. Com uma história como *Carmen* interpretada por um elenco negro, a tarefa pode parecer difícil, mas a Twentieth Century-Fox conseguiu cumpri-la. Ao mesmo tempo, a produtora conseguiu triunfalmente *não* realizar tal proeza, na medida em que a história trata, sim, de pessoas amorais, Carmen é mesmo uma vagabunda, e o elenco é, de fato, negro.

Isso se torna possível, em primeiro lugar, é claro, por *Carmen* ser uma obra "clássica" ou uma "obra de arte" ou algo que, por esse motivo, é sacrossanto e, felizmente, bem antigo: seria tão ridículo e retrógrado acusar Mérimée e Bizet de serem indecentes quanto seria impossível acusá-los de ser contra os negros. (Se bem que talvez se possa acusá-los de não saber muito sobre os ciganos e não se preocupar nem um pouco com eles.) Em segundo lugar, a música ajuda, pois seguramente ela nunca pareceu tão pobre, ou tão mal cantada, ou mais irrelevante para a vida, a vida de qualquer pessoa, quanto nessa produção. As letras, também, a seu modo, ajudam, pois são de um mau gosto e de uma vulgaridade que, do ponto de vista qualitativo, se não quanto ao grau, não são características dos negros. A irrealidade do filme é apenas ocasionalmente ameaçada por Pearl Bailey, que, no entanto, foi neutralizada pela direção do sr. Preminger, sendo limitada — trajando uma série de roupas horríveis, desenhadas, ao que parece, com o fim de camuflar a personalidade da atriz — a fazer o que é certamente o melhor que pode ser feito com uma abominação chamada "Beat Out That Rhythm on a Drum", e a enunciar suas falas durante o resto do filme com um tom de deboche tão agressivo e irônico que não há como não desconfiar que ela esteja fazendo um comentário sobre o filme. Por alguns segundos, de quando em quando, ela consegue escapar da inércia mortal do espetáculo, e seu desempenho proporciona ao espectador alguns vislumbres da imaginação que poderia ter transformado o filme em algo que valesse a pena ver.

    Essa produção, porém, mais do que qualquer filme que eu me lembre de ter visto, não pode se permitir, não ousa arriscar, a imaginação. Assim, por exemplo, a "sensualidade" de Dorothy Dandridge, que interpreta Carmen, torna-se visivelmente fabricada e até mesmo um pouco ridícula toda vez que Pearl Bailey se aproxima dela.* E quando nos ocorre que seria melhor se Pearl Bailey interpretasse a personagem de Carmen, nos damos conta de que *Carmen Jones* é controlado por outro filme que Hollywood fez questão de *não* produzir. Pois, embora seja divertido fazer um paralelo entre a cigana amoral de Bizet e uma mulher negra e pobre dos nossos tempos, é muito menos divertido traçar um paralelo entre a violência que há em Bizet e a violência dos guetos negros.

    Para evitar isso — isto é, para explorar Carmen como uma vagabunda de pele parda, mas ao mesmo tempo evitar o mais leve indício de qualquer motivação que poderia ter uma Carmen como essa nos dias de hoje —, ajudou, em primeiro lugar, o fato de o roteiro não exigir a participação de nenhum branco. Isso de certo modo isola a história num vácuo em que o espetáculo da cor é esvaziado de qualquer perigo. A própria cor se torna então

---

* Se me concentro na srta. Bailey, é porque a característica de sua personalidade, direta e sardônica, com um toque indiscutível de autenticidade, chama minha atenção para a ausência de todas essas características, ou de quaisquer outras características positivas, no filme como um todo. Além disso, ela é a única componente do elenco cujo trabalho não me é de todo desconhecido. Como até mesmo ela é radicalmente prejudicada pelas curiosas prioridades de *Carmen Jones*, faço questão de deixar claro que, ao comentar sobre os outros atores, não tenho intenção de julgar sua competência profissional, algo que, se fosse feito com base neste filme — pois as vozes que ouvimos quando seus personagens cantam não são as vozes deles —, seria uma injustiça. (N. A.)

uma espécie de vácuo que cada espectador preenche com suas próprias fantasias. Mas *Carmen Jones* não habita a terra de faz de conta de espetáculos inautênticos, porém divertidos, como *Tempestade de ritmo* ou *Uma cabana no céu* — em que pelo menos dava para apreciar a música; *Carmen Jones* se instaurou numa estratosfera bem mais interessante e mais perniciosa, em que até mesmo a fala negra é parodiada a ponto de perder seu encantamento, e liberalizada — digamos assim — de tal modo que sua força e sua precisão se esvaziam. O problema não é que os personagens falem como pessoas quaisquer, o que já seria ruim, e sim que eles falam de um modo ridiculamente falso e afetado, como negros do tempo da escravidão imitando seus senhores. O mesmo se aplica à aparência deles, e também ao modo como eles se vestem, e o adjetivo que vem à mente de imediato para qualificar os cenários horrorosamente coloridos — um quartel do Exército, um quarto e uma rua no South Side de Chicago que Bigger Thomas, imagina-se, jamais reconheceria — é "impecáveis". Temos aqui cenários que poderiam muito bem ter sido inventados por alguém disposto a provar que os negros são tão "limpos" e tão "modernos" quanto as pessoas brancas; aliás, creio que foi assim mesmo, de uma forma ou de outra, que ele foi criado.

Além disso, não se permite que o espectador esqueça nem por um instante que ele está assistindo a uma ópera (uma palavra que, pelo visto, na cabeça do sr. Preminger é sinônimo de tragédia *mais* fantasia); o tom do filme é sufocante: uma combinação da seriedade vazia e sublime que Hollywood muitas vezes assume quando adapta uma "obra de arte" com a condescendência absolutamente inevitável com que Hollywood sempre aborda o negro. O fato de vermos um elenco negro interpretando *Carmen* é usado para justificar a espantosa vacuidade dos personagens, sua inverossimilhança absoluta, seu total descolamento de qualquer coisa que lembre a realidade da vida dos negros. Por outro lado, o filme não tem como não explorar ao máximo o pitoresco da coisa, uma certa desinibição tida como típica dos negros; além disso, por exigência do roteiro — para não falar das imagens, que discutiremos mais adiante —, torna-se necessário assistir ao filme tendo em mente três ideias desconexas: (1) que temos aqui uma ópera que nada tem a ver com a atualidade e, portanto, na verdade não tem *nada* a ver com os negros; porém (2) o grau maior de paixão, aquele calor humano sedutor (do qual o filme não exibe o menor vestígio), que é tão típico dos negros, faz de *Carmen* um veículo ideal para que os negros ascendam à condição da Arte; e (3) estamos diante de negros *excepcionais*, ou seja, tão americanos quanto você e eu, interpretando negros de classe baixa de quem eles também gostam muito, um amor que eles demonstram, talvez, pelo fato de que todos parecem sofrer uma pequenina morte por estrangulamento antes de substituir sistematicamente *the* por *de*.*

Um filme é, literalmente, uma sequência de imagens, e o que se *vê* em um filme, mais do que as falas gaguejantes ou enganadoras que ele contém, pode ser tomado como a chave para o que o filme de fato diz. *Carmen Jones* é uma das primeiras e das mais explícitas fusões de sexo com cor — e de longe a mais deliberada — já realizadas por Hollywood. (Certamente não será a última.) Desse ponto de vista, a gama de cores empregada em *Carmen Jones* é muito importante. Dorothy Dandridge — que interpreta Carmen — é uma moça cor de caramelo, que usa roupas muito vistosas e chamativas, mas no fundo uma pessoa mais doce que chamativa. Tem-se a impressão — e talvez a impressão causada seja intencional — que temos aqui uma garota *muito* boazinha fazendo carreira no cinema interpretando uma moça que não

---

* Uma antiga convenção norte-americana determina que, na fala de personagens negros em obras literárias, óperas etc., o artigo definido *the* seja sempre pronunciado com o fonema *d* em lugar do *th*. (N. T.)

presta; e o brilho resultante disso, mais ainda por se tratar de uma moça de cor,* tem que compensar a falta de brilho de seu desempenho, embora ela claramente se esforce muito. Harry Belafonte tem a pele um pouco mais escura e uma beleza tão inexpressiva quanto a dela; sai-se muito mal contracenando com ela numa versão bem ofensiva de um papel que de saída já é insuportável. Olga James é Micaela, no filme chamada Cindy Lou, uma moça de pele muito mais clara que a da srta. Dandridge, mas também muito menos bonita, sendo obrigada a passar todo o filme numa postura cabisbaixa e chorosa. Joe Adams é Husky Miller (Escamillo); também é cor de caramelo, mas, por ser o segundo protagonista e o vilão, dele não se exige um desempenho tão inexpressivo quanto o do sr. Belafonte, de modo que sua presença por si só contém laivos de uma força viril, ou pelo menos juvenil. De resto, Pearl Bailey é bem escura e encarna o que, afinal, se reduz ao tipo da vadia. O sargento malvado que leva Joe a se tornar um desertor — em uma das várias cenas muitíssimo inverossímeis do filme —, e que tem péssimas intenções em relação a Carmen, é negro retinto, tal como o treinador interpretado por Husky Miller, que parece ser, ao que tudo indica, o amante mais velho que sustenta a srta. Bailey. Fica bem claro que essas pessoas não vivem no mesmo mundo que Carmen, Joe e Cindy Lou. Os três protagonistas são apresentados como pessoas indefinivelmente complexas e trágicas, que não vivem correndo atrás de dinheiro ou

---

* Aqui e ao longo do livro, "*colored*" foi traduzido como "de cor". As duas expressões, correntes nos Estados Unidos e no Brasil ao longo da primeira metade do século passado, ambas de caráter eufêmico, caíram em desuso tanto lá como aqui a partir da década de 1960. Para a tradução de "*Negro*" e "*black*" usou-se "negro", o termo mais neutro no Brasil na época em que *Notas de um filho nativo* foi publicado nos Estados Unidos; para "*mulatto*" adotou-se "mulato", termo cognato. As palavras "*nigger*" e "*Neger*", cujo teor ofensivo não tem equivalente em português, foram mantidas em todas as ocorrências. (N. T.)

bijuterias e sim de alguma outra coisa que faz com que eles sejam mal interpretados pelos tipos mais pé na terra que os cercam. Essa outra coisa, claro, é o amor, e é ao contar essa história de amor que o filme alopra de vez.

É verdade que na versão original de *Carmen* as motivações dos personagens não são muito claras, em particular as de Carmen e de seu amante; mas isso não tem lá muita importância, porque a ópera consegue se sustentar com uma agitação puramente teatral, uma espécie de violência em papel machê, e com a sexualidade da heroína, intensa ainda que, em última análise, inverossímil. O filme não dispõe desses elementos, pois nele agitação e violência teriam o efeito de desestruturar o espetáculo; além disso, ainda que sem dúvida fique evidente que Carmen é uma mocinha sedutora, não fica muito claro até que ponto *ela* se sente atraída pelos homens, algo que, de qualquer modo, o filme não poderia usar como motivação. O efeito disso é que de saída Carmen perde sua vitalidade espúria e toda a sua coerência, tornando-se, pelo contrário, uma boa menina, ainda que um pouco fogosa, cujo grande defeito — e, em se tratando de uma tragédia, também seu triunfo — é o fato de que encara a "vida", conforme ela afirma na sua ária final, "olho no olho". Para substituir a sexualidade, os criadores do filme inventaram uma bruxaria em que entram asas de urubu, signos do zodíaco e cartas de baralho que profetizam morte; assim, ao que parece, Carmen leva Joe à desgraça porque o ama e decide deixá-lo porque as cartas lhe dizem que ela vai morrer. O fato de que, entre o momento em que ela abandona Joe e o momento em que ele a mata, Carmen adquire roupas novas e pretende beber — como uma de suas árias dá a entender de modo bem violento — uma grande quantidade de champanhe, é simplesmente um indício de seu intenso sofrimento interior.

Carmen está bem distante dos tempos do leilão de escravos, mas Joe, é claro, também não ficou muito para trás. Esse Joe é um bom rapaz, de boa aparência, que adora a mãe, é estudioso e vai fazer um curso de formação de pilotos, e ainda por cima é noivo de uma garota chamada Cindy Lou, que lembra bastante a mãe dele. Sua indiferença em relação a Carmen, que inspira em todos os outros homens a seu redor uma paixão jamais vista neste mundo, desperta nela um furor ardente; numa série de cenas que não há como qualificar de eróticas sem acrescentar que são também pueris, Carmen resolve seduzi-lo, e ele sucumbe. Nesse trecho os corpos em tecnicolor de Dandridge e Belafonte, no momento em que o filme reflete melancolicamente sobre a ruína da carreira de Joe e seu fim iminente, são usados para obter-se o máximo efeito erótico. Trata-se, porém, de um erotismo estéril e incômodo, porque ocorre num vácuo entre dois bonecos que não estão envolvidos em nada mais sério do que mexer com as emoções dos espectadores. O que está em cena não é ternura nem amor, e por certo não é uma paixão complexa e devastadora que leva à vida ou à morte: é apenas uma descaracterização tímida e vulgar dessas coisas.

Observe-se, também, que uma das razões para isso é o fato de que, embora os criadores do filme gostem de mostrar a srta. Dandridge com saias apertadas e decotes profundos — o que também não é exatamente sexualidade —, o homem negro ainda é para eles um tema delicado demais para que saibam abordá-lo. Como resultado, o sr. Belafonte não tem permissão para fazer nada além de andar de um lado para outro com olhos pidões: a existência de sua sexualidade é apenas pressuposta porque a srta. Dandridge o deseja. A não ser por isso, ela não existe, e o personagem do homem é destruído não por sua própria agressividade sexual, algo que não lhe permitem ter, e sim pela agressividade sexual da moça — ou, no final das contas, nem mesmo por isso, e sim por folhas de chá. Se, em última análise, o erotismo de *Car-*

men Jones é mais forte que, por exemplo, o de um filme de Lana Turner, é porque *Carmen Jones* exibe à câmera corpos negros, e o público tende a associar os negros à sexualidade. Como as raças mais escuras sempre parecem ter para as raças mais claras uma aura de sexualidade, esse fato em si não é preocupante. O preocupante é o que esse filme parece indicar a respeito da concepção de sexualidade dos americanos.

O que há de mais importante em *Carmen Jones* — e o que faz com que, *malgré lui*, seja um dos filmes mais importantes já produzidos por Hollywood só com atores negros — é o fato de que as questões nele levantadas têm menos a ver com os negros do que com a vida mental dos americanos. É bem verdade que ficamos imaginando se os negros realmente vão se tornar as nulidades a que esse filme os reduz; como, porém, eles já sobreviveram a imagens públicas ainda mais assustadoras, somos levados a nutrir a esperança, pelo bem dos negros e da República, de que eles continuarão a ser incorrigíveis. Além do mais, a vida não produz nulidades assim: quando as pessoas se tornam vazias a esse ponto, elas deixam de ser nulidades e se transformam em monstros. A criação de tais nulidades prova, no entanto, que os americanos não são de modo algum vazios; pelo contrário, estão profundamente incomodados. E esse incômodo não é do tipo que pode ser atenuado pela realização de boas ações, porém parece ter se voltado para dentro, e tudo indica que isso está se tornando um sentimento pessoal. Trata-se de uma das melhores coisas que poderiam acontecer. Talvez seu significado — entre muitos outros possíveis — seja que o fermento que resultou em uma beberagem tão estranha quanto *Carmen Jones* pode agora vir a produzir algo que seja mais amargo ao paladar, porém mais doce para o estômago.

SEGUNDA PARTE

O gueto do Harlem

O Harlem, fisicamente, pelo menos, mudou muito pouco durante o tempo de vida dos meus pais, e também ao longo do meu. No presente, tal como no passado, os edifícios estão velhos e necessitadíssimos de reforma, as ruas estão apinhadas e sujas, há um excesso de seres humanos por quarteirão. Os aluguéis são de 10% a 58% mais altos do que em qualquer outro bairro da cidade; a comida, cara em todos os lugares, aqui é mais cara ainda, e de qualidade inferior; e, agora que a guerra acabou e o dinheiro está escasseando, as pessoas pensam muito antes de comprar uma roupa, quando compram. Para os negros, tradicionalmente os últimos a serem contratados e os primeiros a serem despedidos, está ainda mais difícil arranjar emprego, e, enquanto os preços não param de subir de modo implacável, os salários caem. Por todo o Harlem, há a mesma expectativa amarga com que, na minha infância, aguardávamos o inverno: o frio está chegando e vai ser rigoroso; e não há nada que se possa fazer.

Todo o Harlem é permeado por uma sensação de congestionamento que lembra a pulsação insistente, enlouquecedora e claustrofóbica que sentimos dentro da cabeça quando tentamos respirar em um cômodo muito pequeno com todas as janelas fechadas. No entanto, o branco que caminha pelo Harlem muito provavelmente não terá a impressão de que o lugar é sinistro ou mais miserável do que qualquer outro bairro pobre.

Para o observador despreocupado, o rosto do Harlem também parece despreocupado; ninguém nota que — considerando-se a história das mulheres e dos homens negros, e as lendas que surgiram a respeito deles, para não falar nos policiais onipresentes, sempre desconfiados, nas esquinas — esse rosto, na verdade, é despreocupado até demais, e talvez não seja tão franco e relaxado quanto parece. Quando ocorre um surto de violência maior que a habitual, como se deu em 1935 ou em 1943, a reação é tristeza, surpresa e raiva; a hostilidade social do resto da cidade toma essa violência como prova de que eles tinham mesmo razão, o que torna a hostilidade ainda mais intensa; fazem-se discursos, criam-se comissões, abrem-se investigações. Tomam-se medidas no sentido de corrigir o erro, sem, no entanto, expandir nem demolir o gueto. A ideia é atenuar sua condição de chaga social, um processo tão inútil quanto aplicar maquiagem num leproso. Assim, temos o Boys' Club na rua 134 Oeste, o playground na 131 Oeste esquina com a Quinta Avenida; e, como os negros estão proibidos de morar em Stuyvesant Town, a Metropolitan Life está providenciando a construção de um conjunto habitacional chamado Riverton no centro do Harlem; no entanto, o mais provável é que apenas os negros que são profissionais liberais — e nem todos — poderão pagar o aluguel.

Em sua maioria, esses projetos habitacionais vêm sendo promovidos por líderes negros eternamente combativos e pela imprensa negra. Quanto aos líderes negros, o melhor que se pode dizer é que estão numa posição insustentável, e que os poucos entre eles que são motivados por uma preocupação sincera conseguem se manter nessa posição com uma dignidade comovente. Para quem tem alguma familiaridade com o Harlem, é muito difícil levar a sério a ideia de que a presença de um parque infantil a mais ou a menos tenha algum efeito profundo sobre a psicologia dos cidadãos de lá. E no entanto, ter um playground é melhor do que nada; ele pelo menos tornará a vida dos pais um pouco mais fácil, pois vão saber que seus filhos correm menos risco de serem atropelados na rua. Do mesmo modo, mesmo que o único efeito da paixão dos americanos pela alfabetização tenha sido criar um mercado para o *Reader's Digest* e o *Daily News*,* saber ler é melhor que ser analfabeto; assim, os líderes negros têm que exigir mais escolas e escolas melhores para os negros, muito embora qualquer negro que leve ao pé da letra a formação que recebe na escola vá ficar praticamente incapacitado para viver nessa democracia. Talvez o efeito mais positivo de toda essa atividade seja assegurar aos negros que eles não foram esquecidos por completo: as pessoas estão, sim, trabalhando em favor deles, por mais equivocadas ou desorientadas que estejam; e águas turbulentas não ficam estagnadas.

O mais terrível da condição de líder negro está no termo em si. Não me refiro apenas à discriminação um tanto condescendente que ele implica, mas à refinada tortura que um homem vivencia por ter sido criado e derrotado pelas mesmas circunstâncias. Ou seja, os líderes negros foram criados pelo contexto norte-americano, o qual a partir daí atua contra eles sob todos os aspectos; e o maior sucesso que eles podem almejar é conseguir perder a condição que alcançaram, importunar os líderes ameri-

---

* A *Reader's Digest* é uma revista de variedades voltada para um público popular; distribuída no mundo inteiro, é publicada no Brasil com o nome *Seleções do Reader's Digest*. O *Daily News* é um tabloide popular nova-iorquino, sempre com uma manchete sensacionalista na primeira página. (N. T.)

canos contemporâneos e os membros do seu próprio grupo até que uma situação que já é ruim se torne tão complicada e tão ruim a ponto de ficar insuportável. É como enfiar uma agulha numa bolha até que ela estoure. Por outro lado, não há como não constatar que alguns líderes negros e políticos negros estão muito mais preocupados com suas próprias carreiras do que com o bem-estar dos negros, e que as batalhas dramáticas e bem divulgadas que eles travam são batalhas contra o vento. Mais uma vez, não é possível mudar esse fenômeno sem mudar o contexto norte-americano. Em uma terra onde, segundo se diz, qualquer cidadão pode vir a se tornar presidente, não se pode criticar os negros por desejarem eleger-se parlamentares.

A imprensa negra, que apoia qualquer homem, desde que seja escuro e conhecido o suficiente — com a exceção de certos romancistas negros acusados de pintar retratos que ofendem seus companheiros de raça —, há anos vem recebendo críticas que têm o efeito de confundi-la muitíssimo, centradas no fato de que ela é sempre, o que é inevitável, exatamente o que diz ser: ou seja, uma imprensa inteiramente dedicada a acontecimentos que dizem respeito ao universo dos negros. Essa dedicação é desculpável, creio eu, tendo em vista que a imprensa branca dos Estados Unidos é de todo indiferente, e muitas vezes hostil, em relação aos negros. A imprensa negra é acusada de não ajudar muito a situação — de fato, não ajuda, e não vejo como poderia ajudar. Também é acusada de sensacionalismo, uma acusação que procede; mas é difícil levar a sério essa crítica num país tão dado ao sensacionalismo quanto o nosso.

O periódico negro que mais vende, creio eu, é o *Amsterdam Star-News*; é também o pior, dedicando-se com afinco a assassinatos, estupros, "furos" sobre adultérios, guerras inter-raciais, qualquer notícia — por mais insignificante que seja — referente a negros de destaque, e toda e qualquer vitória dos negros ocorrida na semana — mais ou menos nessa ordem. Ao que parece, essa tática dá certo; ela aumenta a circulação — o que é, no final das contas, seu objetivo; quando eu era menino, lá em casa nunca perdíamos um único número. No dia em que saía o jornal, ouvíamos, vindo de alguns quarteirões, o jornaleiro proclamando o mais recente escândalo, e pessoas correndo rumo à banca para se informar.

Nos últimos anos, surgiu um rival do *Amsterdam*: o *People's Voice*, uma publicação que toma como modelo o *PM** e é conhecida como *PV*. O *PV* não é tão sensacionalista quanto o *Amsterdam*, embora cubra quase os mesmos temas que ele (a gama de temas da imprensa negra é naturalmente bastante limitada). Em termos políticos, o *PV* é menos confuso: é de centro-esquerda (o *Amsterdam* é republicano, uma filiação política que por vezes o faz adotar uma estranha linguagem falseadora), e seu tom, desde o início, tem sido de um engajamento cada vez mais desesperançado, cheio de advertências, apelos, cartas abertas dirigidas ao governo — que, para a surpresa de ninguém, nunca são respondidas — e a mesma obsessão patética por negros famosos e o que eles andam fazendo. Colunas assinadas por Lena Horne e Paul Robeson eram publicadas no *PV* até algumas semanas atrás, quando os dois romperam com o jornal. A coluna da srta. Horne a fazia parecer uma versão mais ressentida de Eleanor Roosevelt, e a única coluna de Robeson que cheguei a ler comentava a atual caça às bruxas em Hollywood,** analisava o tipo de filmes que es-

---

* Jornal nova-iorquino de tendência liberal que circulou de 1940 a 1948. (N. T.)
** Onda de perseguições a pessoas que atuavam na indústria cinematográfica acusadas de serem comunistas, que começou em 1947, com a criação do Comitê de Investigação de Atividades Antiamericanas, e aumentou muito a partir de 1953, quando foi eleito ao Senado federal Joseph McCarthy (que deu origem ao termo "macarthismo"). Robeson, cantor e ator mundialmente famoso, foi perseguido de modo implacável. (N. T.)

tava sendo atacado e o tradicional tratamento que Hollywood dispensa aos negros. É pessoalmente doloroso para mim perceber que um homem tão talentoso e convincente como Robeson seja tolhido por seu próprio ressentimento e pela completa incapacidade de entender a natureza do poder político em geral, ou os objetivos dos comunistas em particular, a ponto de não captar o sentido da crítica que ele próprio está formulando, a qual merece ser pensada a sério: que há muitas maneiras de ser antiamericano, algumas quase tão antigas quanto o próprio país, e que o Comitê de Investigação de Atividades Antiamericanas da Câmara dos Representantes poderia encontrar conceitos e atitudes ainda mais prejudiciais à vida nacional em ... *E o vento levou* do que em *Horas de tormenta*,* um filme talvez igualmente romântico, mas muito menos bem-sucedido.

Os únicos outros periódicos negros com uma circulação minimamente significativa no Harlem são o *Courier* de Pittsburgh, que tem a reputação de ser o melhor de todos, e o *Afro-American*, que lembra o *Journal-American* de Nova York quanto ao layout e à fonte, e parece esforçar-se de modo coerente, ainda que sem êxito, para ser ao mesmo tempo legível, inteligente e radical. O *Courier* é um jornal de alto nível, cujos pontos culminantes são sua coluna social e os artigos de George S. Schuyler, cuja serenidade olímpica me enfurece, mas que, na verdade, exprime com grande precisão o estado de espírito e as ambições do profissional liberal negro que se tornou rico e conseguiu encontrar um lugar ao sol. A posição social do sr. Schuyler, que ainda é lembrado por um romance satírico que nunca li, chamado *Black No More*, é muitíssimo reforçada pela esposa, uma rica herdeira branca, e a filha, uma menina-prodígio — a qual é considerada a sério, em

---

* *Watch on the Rhine* (1943), filme de Herman Shumlin sobre opositores do fascismo que emigram da Alemanha para os Estados Unidos. (N. T.)

alguns círculos, como prova da incompreensível tese de que a miscigenação entre brancos e negros é capaz de produzir mais gênios do que qualquer outra combinação. (O *Afro-American* recentemente publicou uma série de artigos sobre esse assunto, "The Education of a Genius" [A educação de um gênio], assinados pela sra. Amarintha Work, que documentou em detalhe o desenvolvimento de seu filho mulato, Craig.)

Ebony e *Our World* são as duas grandes revistas negras; a *Ebony* lembra muito a *Life* tanto na aparência gráfica quanto no texto, e *Our World* é a *Look* do homem negro. *Our World* é uma revista muito estranha e desorganizada, que parece ora um jornalzinho universitário, ora uma chamada às armas, mas — tal como suas publicações irmãs mais bem-feitas — acima de tudo ela se dedica à tarefa de demonstrar que qualquer coisa feita por um branco pode ser feita por um negro, provavelmente melhor. *Ebony* publica artigos de destaque com temas como a "verdadeira" Lena Horne e agentes negros do FBI, e viaja para os confins do planeta a fim de pesquisar qualquer matéria, por mais trivial que seja, referente a algum negro ou grupo de negros que sejam de algum modo extraordinários e/ou merecedores de um artigo. Tanto *Ebony* quanto *Our World* adotam um tom positivo; seu público-alvo é "o negro de qualidade". A *Ebony* de novembro de 1947 publicou um editorial intitulado "Time To Count Our Blessings",* o qual começava acusando Chester Himes (autor do romance *Lonely Crusade*) de ter uma psicose racial, e em seguida explicava que há racistas negros tão cegos e perigosos quanto Bilbo,** o que é incontestavelmente verdade, e que, em comparação

---

* Literalmente, "Hora de contar nossas bênçãos"; a expressão *to count one's blessings* significa "enumerar as coisas boas que se tem". (N. T.)
** Theodore G. Bilbo (1877-1947), duas vezes governador do Mississippi e posteriormente senador; defensor da supremacia dos brancos e membro da Ku Klux Klan. (N. T.)

com milhões de europeus famintos, os negros estão até bem — uma comparação, eu diria, que não quer dizer nada para qualquer negro que nunca tenha estado na Europa. O editorial concluía que os negros haviam melhorado muito de situação e que, "como patriotas americanos", já estava na hora de "nós" pararmos de cantar o blues* e perceber que temos um magnífico futuro à nossa frente. Estes sentimentos positivos eram contrastados — ou ressaltados, talvez — por uma fotografia na página ao lado, de uma velha fazendeira negra carregando para casa uma colheita abundante de cebolas. Ao que parece, os editores da *Ebony* não se deram conta de que a própria existência de sua revista, e o sumário do número de qualquer mês, desmentiam essa tentativa de transformar um limão em limonada.

A verdadeira *raison d'être* da imprensa negra pode ser encontrada nas seções de cartas para o editor, onde está estampada em letra de fôrma a realidade sobre a vida entre os rejeitados. O terrível dilema da imprensa negra é que, não tendo outro modelo, ela é obrigada a seguir a imprensa branca, tentando emular o mesmo tom leve e sofisticado — um tom que, por tratar dos temas de que ela trata, não é nem um pouco convincente. É de todo impossível não cantar o blues, literalmente ou não, quando as vidas vividas pelos negros são tão duras e tolhidas. A culpa não é da imprensa negra: todas as acusações referentes a contradições, futilidades e infantilismo político que lhe sejam feitas podem com igual justiça ser dirigidas à imprensa americana em geral. É desse modo que um jornal de negros luta por reconhecimento e por um lugar ao sol no mundo dos brancos. E a coisa ainda piora quando se leva em conta que o mundo dos brancos, nos planos intelectual, moral e espiritual, é tão oco quanto um tonel vazio, e

---

* Blues, além de um gênero musical, é também "depressão, melancolia". (N. T.)

cheira a morte lenta. No seio da imprensa negra, todas as guerras e falsidades, toda a decadência, a alienação e os conflitos de nossa sociedade são postos em evidência.

A imprensa negra, tal como o negro, torna-se o bode expiatório das nossas mazelas. Não há diferença, no final das contas, entre o tratamento dado pelo *Amsterdam* a um assassinato ocorrido na Lenox Avenue e a cobertura de um homicídio cometido em Beekman Hill feita pelo *Daily News*; também não há nenhuma diferença entre o chauvinismo dos dois jornais, só que o *News* é presunçoso e o *Amsterdam* é chocante. Os negros vivem vidas violentas, o que é inevitável; assim, uma imprensa negra sem violência seria impossível de imaginar; além disso, em cada ato de violência, em especial quando se trata de violência contra homens brancos, os negros sentem uma certa emoção de identificação, um desejo de terem cometido o crime eles próprios, a sensação de que violências antigas estão sendo vingadas. Não é por acaso que Joe Louis é o homem mais idolatrado no Harlem. Ele obteve o sucesso em um nível que a América branca dá a entender que é o único que ela respeita. Nós (isto é, nós americanos em geral) gostamos de apontar para os negros e a maior parte de suas atividades com uma espécie de desprezo tolerante; mas estamos assistindo a nós mesmos, estamos condenando a nós mesmos ou — com desdém — nos abaixando para nos salvar.

Estendi-me demais, talvez, sobre a imprensa negra, principalmente porque aqueles que a criticam, que são muitos, sempre me dão a impressão de estarem fazendo uma exigência irracional: querem que a minoria mais oprimida do país se comporte o tempo todo com uma habilidade e uma visão que jamais se cobrou do falecido Joseph Patterson ou de William Randolph Hearst;* e

---

* Dois editores de jornais: Patterson dirigia o *Daily News*; Hearst criou a maior empresa de jornalismo do país, tendo inspirado o personagem central do *Cidadão Kane*, de Orson Welles. (N. T.)

tentei dar uma ideia do tom dessa imprensa porque, a meu ver, é nele que o desespero inato se revela. Quanto à questão tão discutida da publicidade negra, para mim é perfeitamente lógico que uma minoria identificada pela cor da pele e pela textura do cabelo tenha acabado obcecada por esses atributos, evitando anúncios sobre loções que tornem o cabelo mais crespo e sabonetes que escureçam a pele. O ideal americano, afinal, é que todos fiquem tão parecidos quanto possível.

Por definição, o negro é religioso, o que quer dizer que ele teme o Deus que nossos ancestrais nos legaram e diante de quem todos nós ainda trememos. Deve haver mais igrejas no Harlem do que em qualquer outro gueto desta cidade, igrejas que vão de vento em popa todas as noites; algumas estão cheias de pessoas rezando todos os dias. Esse fato exemplificaria a simplicidade e a boa vontade essenciais do negro; mas na verdade estamos diante de uma atividade emocional marcada pelo desespero.

Essas igrejas vão da imponente e famosa Igreja Batista Abissínia na rua 138 Oeste a templos inclassificáveis que funcionam em sótãos, porões, lojas e até mesmo residências particulares. A cada noite, pastores neopentecostais, espíritas, bem como profetas e messias autoproclamados, reúnem seus rebanhos para rezar e fortificar-se através do êxtase. E, ao contrário do que dá a entender *Uma cabana no céu*,* não se trata apenas de uma liberação emocional infantil. A fé dessas pessoas pode ser caracterizada de infantil, mas o fim a que ela serve é muitas vezes sinistro. Tal fé pode, de fato, "mantê-las felizes" — uma expressão que implica, inevitavelmente, o corolário de que o modo de vida imposto aos negros os torna muito infelizes —, mas ao mesmo tempo, o que é muito mais significativo, a religião atua aqui como uma fantasia

---

* *Cabin in the Sky* (1943), filme de Vincente Minnelli baseado num musical da Broadway de temática religiosa, com elenco inteiramente negro. (N. T.)

de vingança engenhosa e completa: os brancos são donos da Terra e cometem toda espécie de abominação e injustiça; os maus serão punidos e os bons, recompensados, porque Deus não está dormindo e o Juízo não tarda. Não é preciso ter uma perspicácia excepcional para perceber que o ressentimento aqui não está nem morto nem adormecido, e que o homem branco, acreditando no que ele deseja acreditar, interpretou mal os símbolos. Muitas vezes o pregador negro desce para níveis menos abstratos e não deixa dúvidas quanto ao que tem em mente: a pressão da vida no Harlem, a guerra entre Itália e Etiópia,* a injustiça racial durante a última guerra e a terrível possibilidade de mais uma guerra muito em breve. Todos esses tópicos fornecem excelentes pontos de partida para sermões que ostentam um fino verniz de espiritualidade, mas cujo objetivo principal é afirmar a injustiça dos americanos brancos e prever seu castigo infalível, ainda que muitíssimo tardio.

Aqui também se percebe um dos aspectos da atitude ambivalente que os negros têm em relação aos judeus. Para começar, embora a tradicional acusação cristã de que os judeus mataram Cristo não seja questionada nem posta em dúvida, o termo "judeu", nesse contexto inicial, abarca todos os infiéis de pele branca que não aceitam o Salvador. Não se faz nenhuma distinção real: o pregador começa acusando os judeus de terem recusado a luz e daí parte para uma listagem de seus pecados subsequentes e dos sofrimentos que um Deus colérico lhes impôs. Ainda que a ideia de sofrimento se fundamente na imagem do judeu errante, exilado, o contexto muda de forma imperceptível, passando a referir-

---

* Em outubro de 1935, as tropas de Mussolini invadiram a Abissínia — atual Etiópia —, pois os Estados fascistas tinham interesse em expandir seus domínios na África. O episódio mobilizou a opinião pública do mundo inteiro. A resistência etíope tornou-se um símbolo de africanidade. (N. T.)

-se de modo bem óbvio às provações sofridas pelos negros, e os pecados relatados são os da República norte-americana.

A essa altura, o negro se identifica quase totalmente com o judeu. Os mais devotos se consideram judeus, escravizados por um capataz cruel e esperando que venha um Moisés para tirá-los do Egito. Os hinos, os textos e as lendas prediletas dos negros devotos são todas do Antigo Testamento e, portanto, de origem judaica: a fuga do Egito, os jovens judeus na fornalha, as terríveis canções de libertação do jubileu: *Senhor, que terríveis provações, que grandes tribulações, meu destino é deixar esta terra!* A aliança que Deus estabeleceu no princípio com Abraão, e que se estenderia a seus filhos e aos filhos de seus filhos por todo o sempre, é também um pacto feito com esses exilados de tempos mais recentes: como Israel foi eleito, eles também o são. A história de nascimento e morte de Jesus, que acrescenta um elemento não judaico, também implementa essa identificação. É a aliança feita com Abraão outra vez, renovada, assinada com seu sangue. ("Antes que Abraão existisse, eu sou.") Aqui a figura de Jesus atua como intercessor, a ponte entre terra e céu; foi Jesus quem tornou a salvação possível, livre para todos, "em primeiro lugar do judeu, mas também do gentio". As imagens do Cristo sofredor e do judeu sofredor são associadas à imagem do escravo sofredor, e todos se tornam um só: o povo que andava nas trevas viu uma grande luz.

Mas, se o negro comprou sua salvação com a dor e o Novo Testamento é usado para provar, por assim dizer, a validade dessa transformação, o Antigo Testamento é a escritura a que ele mais se apega, a que mais inspira pregações, a que fornece o fogo emocional e analisa o caminho do cativeiro; e é a que promete vingança e assegura aos eleitos seu lugar em Sião. O texto favorito do meu pai, um pastor dos mais sérios, não era "Pai, perdoa-lhes: não sabem o que fazem", e sim "Como poderíamos cantar um canto do Senhor numa terra estrangeira?".

Essa mesma identificação que os negros, desde os tempos da escravidão, assimilam junto com o leite materno serve, na realidade contemporânea, para fundamentar um ressentimento complexo e específico. Os judeus do Harlem são pequenos comerciantes, cobradores de aluguéis, agentes imobiliários e penhoristas; eles atuam de acordo com a tradição empresarial americana de explorar negros, e por conseguinte são identificados com a opressão e odiados. Lembro que, nos meus tempos de infância, não havia nenhum negro, na minha família nem fora dela, que realmente confiasse num judeu, e poucos que não manifestassem em relação a eles o mais profundo desprezo. Por outro lado, isso não os impedia de trabalhar para judeus, tratá-los com a maior civilidade e simpatia, e, na maioria dos casos, conseguir convencer seus patrões de que, longe de nutrirem qualquer aversão aos judeus, eles preferiam ser empregados de judeus a trabalhar para qualquer outra pessoa. Faz parte do preço que o negro paga para manter sua posição nesta sociedade, como observa Richard Wright, representar um papel quase o tempo todo. O negro aprende a calibrar com precisão a reação exata desejada pela pessoa branca com quem ele está interagindo e a manifestar essa reação com uma naturalidade cativante. Os amigos que tive, quando era um pouco mais velho e já trabalhava, tornavam-se mais ressentidos a cada dia que passava; e aprendiam a ocultar esse ressentimento e encaixar-se nos moldes que os cristãos e judeus lhes haviam imposto.

A tensão entre negros e judeus contém um elemento que não é característico da tensão entre negros e góis, um elemento que explica até certo ponto a tendência do negro a falar mal com mais frequência do judeu que do gói, e que pode levar à conclusão de que, de todos os brancos que há na face da terra, é o judeu que o negro mais odeia. Quando o negro odeia o judeu *enquanto judeu*, ele o faz em parte porque todo o país o faz, e mais ou menos do mesmo modo doloroso como ele odeia a si próprio. Trata-se de um aspecto de sua humilhação reduzida a proporções menores, que a tornam mais fácil de enfrentar e depois transferir; é a melhor forma que o negro encontra de resumir em voz alta seu longo histórico de acusações contra a terra natal.

Ao mesmo tempo, há um pressuposto tácito: o judeu "tinha mais era que saber" o que é estar por baixo; tendo sofrido o que sofreu, ele deveria saber o que é o sofrimento. Espera-se do judeu uma compreensão que só mesmo os negros mais ingênuos e visionários alguma vez esperaram dos americanos góis. O judeu, por estar ele próprio numa posição precária, não corresponde a essa expectativa. Os judeus, como os negros, têm de usar todas as armas de que dispõem para serem aceitos, e na tentativa de proteger-se dessa vulnerabilidade, adotam de modo frenético os costumes nacionais; e o modo como a nação trata os negros é sem dúvida um desses costumes. Ensinou-se ao judeu — que, na verdade, muitas vezes a aceita — a lenda da inferioridade dos negros; e o negro, por outro lado, em seu convívio com os judeus não viu nada que contradissesse a lenda da ganância semítica. Assim, os americanos brancos e góis têm a seu favor duas lendas: ele dividiu essas minorias e as domina.

Parece improvável que, nessa estrutura complicada, seja possível haver uma cooperação real e sistemática entre negros e judeus (isto é, falando em termos do problema social geral; não se está afirmando que seja impossível haver amizades individuais, nem que, quando tais amizades se formam, elas não tenham valor). A estrutura da comunidade americana fixa essas duas minorias numa atitude de hostilidade perpétua. Elas não se atrevem a confiar uma na outra — os judeus, por acreditarem que é preciso subir mais na escala social do país, e por nada terem a ganhar identificando-se com uma minoria ainda mais detestada do que eles; e os negros se veem na posição ainda menos sustentável de não ousar confiar em ninguém.

Isso se aplica, com algumas ressalvas mas quase sem exceções, mesmo àqueles negros chamados progressistas e "excepcionais". Os negros profissionais liberais (não confundir com os negros profissionais) competem de modo intenso com judeus no contato diário e usam o antissemitismo como uma prova ousada de sua cidadania; suas posições são instáveis demais para que eles possam se sentir tranquilos ou ter fé em alguém. Não confiam nos brancos, nem em outros negros, nem em si próprios; e, em particular, e assumidamente, não confiam nos judeus. Durante meu breve período socialista, passei mais de uma reunião argumentando contra o antissemitismo com uma universitária negra, que estava tentando entrar no funcionalismo público e que nesse ínterim ganhava a vida como doméstica. Ela não era de maneira alguma desprovida de inteligência, nem uma pessoa particularmente preconceituosa: ela acreditava na utopia, até mesmo de trabalhar com os judeus para alcançá-la; mas não estava preparada para aceitar um judeu como amigo. Não adiantava lhe explicar, como eu expliquei, que a exploração de que ela acusava os judeus era um fenômeno americano, e não judaico; que, na verdade, por trás do rosto do judeu estava a realidade americana. E os *meus* amigos judeus do ensino médio não eram assim, argumentei; eles não tinham intenção de me explorar, e nós não nos odiávamos. (Lembro-me que, enquanto falava, eu sentia a dúvida se acumulando como uma névoa no fundo da minha consciência.) Talvez, ela retrucou, porque nós ainda éramos crianças, não precisávamos nos sustentar. Mas espere até o dia em que os seus amigos abrirem um negócio e você estiver tentando arranjar um emprego. Você vai ver!

É esse ressentimento — igual entre a gente faminta do Harlem que não sabe se expressar, os ricos de Sugar Hill* e as brilhan-

---

* A área do Harlem onde moravam os negros mais prósperos. (N. T.)

tes exceções abrigadas nas universidades — que até agora frustrou e deverá continuar frustrando todas as tentativas de estabelecer o entendimento entre as raças. Não sou uma dessas pessoas que acreditam que a opressão imbui um povo de sabedoria, discernimento ou caridade, embora eu saiba que os negros deste país simplesmente não teriam sobrevivido se esse rancor fosse seu único sentimento. Mas nos Estados Unidos a vida parece correr mais depressa do que em qualquer outro lugar no mundo, e a cada geração se promete mais do que ela vai conseguir: isso cria, em cada geração, uma raiva furiosa, perplexa, a raiva das pessoas que não conseguem encontrar um chão sólido onde pisar. Assim como tantas investigações sociológicas, relatórios de comissões e planos de centros recreativos não conseguiram mudar a cara do Harlem, nem impedir que meninas e meninos negros cresçam tendo que enfrentar, individualmente e sozinhos, a frustração insuportável de ser sempre, em todos os lugares, inferiores — até que afinal o câncer se instaure em suas mentes e as deformem —, tampouco parece haver esperança de relações melhores entre negros e judeus se não houver uma mudança no sistema americano.

Tanto o negro como o judeu são impotentes; a pressão da vida é imediata e incessante demais para que se tenha tempo de ser compreensivo. A meu ver, é inconcebível que um negro nascido neste país não chegue à puberdade marcado, de modo irreparável, pelas suas condições de vida. Por todo o Harlem, meninas e meninos negros chegam à maturidade atrofiados, tentando desesperadamente encontrar um lugar ao sol; o que causa espanto não é que tantos afundem na desgraça, mas que tantos consigam sobreviver. A escassez das oportunidades do negro é tremenda. Em seu dilema, ele se volta primeiro contra si próprio e, em seguida, contra aquilo que, para ele, melhor representa sua emasculação. Nesse ponto o judeu cai no fogo cruzado do sistema americano. O que, diante de um judeu, o negro odeia não é, no fundo, sua condição de judeu, e sim a cor da sua pele. Não é a tradição judaica que o traiu, e sim a tradição de sua terra nativa. Mas, tal como toda sociedade precisa de um bode expiatório, assim também o ódio precisa de um símbolo. A Geórgia tem o negro, e o Harlem tem o judeu.

Viagem a Atlanta

O Partido Progressista* não conseguiu, até onde sei, ter muito impacto no Harlem, não apesar de suas promessas de campanha, e sim por causa delas, por serem extravagantes demais para merecer crédito. Considera-se otimista o axioma de que todos os americanos desconfiam dos políticos. (Ninguém leva adiante o corolário, menos otimista, referente ao efeito que esse desprezo mútuo tem sobre os eleitores e os políticos, que de fato têm muito pouco a ver uns com os outros.) De todos os americanos, os negros são os que mais desconfiam dos políticos; para ser mais preciso, a experiência os ensinou a não esperar nada dos políticos; mais do que os outros americanos, eles sempre têm consciência do enorme fosso que há entre as promessas eleitorais e suas vidas cotidianas. É bem verdade que as promessas os empolgam, mas não por serem tomadas como provas de boas intenções. Elas

* Criado em 1948 como veículo da candidatura à presidência de Henry A. Wallace, o partido defendia, entre outras causas de esquerda, o fim da segregação racial. (N. T.)

são a prova de algo mais concreto que intenções: de que a situação do negro não é estática, que mudanças já ocorreram, estão ocorrendo e vão ocorrer — isso, apesar da monotonia sem saída de seu cotidiano. É essa monotonia sem saída cotidiana, porém, assim como o desejo sensato de não ser traído pelo excesso de esperança, que faz com que os negros encarem os políticos com um desencanto tão absoluto.

Essa indiferença fatalista é algo que enfurece os liberais otimistas deste país; em momentos de irritação, eles chegam a referir-se aos negros como crianças em matéria de política, uma acusação que é um tanto injusta. Os liberais negros, quando a pergunta lhes é dirigida, respondem que com certeza isso é algo que vai desaparecer quando os negros tiverem "educação", um termo amplo, de mil e uma utilidades, que evoca visões de projetos habitacionais ensolarados, pilhas de cadernos e uma raça de pessoas de pele escura bem ensaboadas, que nunca engrolam os erres. Na verdade, é menos uma questão de irresponsabilidade política que de experiência de vida, uma experiência que nem mesmo com muita educação vai ser esquecida por completo. É mais um motivo, entre tantos outros, para a facilidade com que o voto negro é comprado e vendido, para a frequência com que se ouve em Sugar Hill o comentário: "O nosso povo nunca chega a lugar nenhum".

O "nosso povo" há quase um século vem sendo usado como uma arma política, como um recurso de seus inimigos; qualquer coisa prometida aos negros em época de eleição é também uma ameaça dirigida à oposição; na luta pelo poder, o negro é o peão. É inegável que isso só se dá por causa da posição do negro neste país, e muitas vezes parece ao menos igualmente claro que ninguém — muito menos os políticos — realmente tem intenção de mudar.

Desde que os negros vieram para este país, sua maior, sua única conquista devastadora foi a Abolição, algo que hoje ninguém mais vê como fruto de impulsos humanitários. Tudo que foi feito de lá para cá evoca a imagem infeliz de ossos sendo jogados para uma matilha de cães que se tornaram perigosos por estarem famintos. Se essa avaliação parece ser de um pessimismo deliberado, não é porque se queira representar a situação como pior do que ela é na verdade; eu gostaria apenas de acrescentar ao que normalmente se argumenta a observação de que, por mais que tenha havido episódios de boa vontade e zelo autênticos, e esforços penosos e honrados tenham sido empenhados no sentido de melhorar a posição do povo negro, na verdade a posição da maioria dos negros não mudou.

Os sociólogos e os historiadores, adotando uma perspectiva histórica, podem concluir que o país está se tornando cada vez mais democrático; mas essa ideia está além da compreensão de quem foi criado em algum gueto americano. Quanto aos políticos negros, eles são encarados com orgulho por serem *políticos*, um orgulho muito parecido com o que as pessoas sentem em relação a Marian Anderson ou Joe Louis: eles provam o valor do povo negro, e o fazem à maneira americana, algo que ninguém pode negar. Porém, assim como nenhuma dona de casa imagina que o gênio de Marian Anderson possa lhe dar uma ajuda prática para ela relacionar-se com o proprietário, assim também nada se espera dos deputados negros. O mais terrível — e temos aqui um fenômeno americano posto em relevo — é o fato de que o deputado negro, por ocupar tal cargo, torna-se ainda mais distante das pessoas para as quais ele se propõe a trabalhar. Além disso, por maior que seja sua integridade pessoal, sua posição — clara e muitas vezes dolorosamente paradoxal — depende, de modo absoluto, da degradação contínua de 14 milhões de negros; pois, se os ideais nacionais fossem implementados na prática amanhã, uma infinidade de negros proeminentes perderia sua *raison d'être*.

Por fim, há que levar em conta a psicologia e a tradição do país; se o voto negro é tão fácil de comprar e vender, é por ser tão desrespeitado; como nenhum negro ousa levar a sério a ideia de que os políticos se preocupam com a sua situação, ou a de que eles fariam alguma coisa em favor do negro se tivessem o poder de fazê-lo, o voto deve ser utilizado como moeda para conseguir o que for possível, mesmo que só vise objetivos de curto prazo. Esses objetivos são na maior parte econômicos, com frequência pessoais e às vezes patéticos: pão, ou um telhado novo, cinco dólares, ou — continuando a subir a escala — escolas, casas, mais negros em empregos até então reservados a brancos. A nação americana prefere não levar em conta um fato de que os negros nunca conseguem se esquecer: o de que eles não são *realmente* considerados membros dessa nação. Tal como Aziz em *Uma passagem para a Índia* ou Topsy na *Cabana do pai Tomás*, eles sabem que as pessoas brancas, por mais que amem a justiça, não têm amor por eles.

Esse é o xis do problema; e o Partido Progressista, com as suas alegações extravagantes, se autoimpôs, portanto, o ônus da prova, que é pesado. O único partido que, em tempos recentes, afirmou sua solidariedade em termos igualmente enfáticos foi o Partido Comunista, que não conseguiu passar por essa prova; e o único político com alegações semelhantes foi, é claro, o antigo mentor de Wallace, Roosevelt, o qual — constatamos, agora que a magia de sua voz já não se faz ouvir —, no final das contas, não conseguiu elevar seus irmãos de pele mais escura ao status de cidadãos. Esse é o histórico do partido de Wallace, que não depõe totalmente a seu favor: pelo contrário, tem o efeito de fazer hesitar até mesmo os mais desesperados e os mais crédulos.

Assim mesmo, visto por determinado ângulo, o das metas a curto prazo, ele deve ser encarado positivamente, já que oferece trabalho temporário para negros, em particular os que atuam de algum modo na esfera das artes. No momento, a pergunta jocosa que se ouve na rua 125 é: "E aí? Você está trabalhando para o sr. Wallace?". Porque ao menos há uma demanda por artistas e personalidades. Para evitar processos judiciais, faço questão de explicar que não estou discutindo "nomes" — que estão em uma posição diferente, delicada e complexa demais para ser analisada aqui — e sim os sofridos e incontáveis exércitos de moças e rapazes negros anônimos decididos a obter algum reconhecimento, uma meta por enquanto muito longe de ser atingida. Um segmento desse exército, um quarteto chamado The Melodeers, viajou a Atlanta sob os auspícios do Partido Progressista em agosto, uma viagem que durou cerca de dezoito dias e que não teve o efeito de entusiasmá-los nem um pouco pelo sr. Wallace. Como faziam parte desse quarteto dois dos meus irmãos, conheço os detalhes da viagem; David, o mais moço, escreveu uma espécie de diário para mim — um relato minucioso dos acontecimentos.

O Harlem é repleto de igrejas, e aos domingos dá a impressão de estar cheio de música. Quartetos como o dos meus irmãos vão de igreja em igreja, como fazem os pregadores itinerantes, cantando tanto pelo amor ao canto e pela necessidade de praticar quanto pelas magras quantias coletadas por eles e posteriormente divididas entre os membros. Esses quartetos realizam "batalhas musicais" nas quais a equipe vencedora, é claro, ganha muitíssimo prestígio; os vencedores habituais são os gigantes desse mundo. O objetivo de todos esses quartetos, naturalmente, é ramificar-se, fazer sucesso fora do circuito e ganhar a vida cantando. O Golden Gate Quartet, ao menos a julgar pela sua música, tem suas raízes aqui, e foi esse o mesmo meio que gerou Sister Rosetta Tharpe, que ouvi, há menos de dez anos, dedilhando um violão numa igreja humilde na Quinta Avenida. Os Melodeers não surgiram há muito tempo e estão muito longe de ser bem conhecidos; assim, o convite para fazer uma turnê com o partido de Wallace no Sul parecia, apesar das apreensões do grupo sobre a linha Mason-Dixon,* uma oportunidade boa demais para deixar passar.

O convite, por sinal, parece ter sido ideia de um certo Clarence Warde, um negro que trabalha na marinha mercante e que antes havia trabalhado como *cottage father*** em uma instituição corretiva no interior do estado; em Nova York, atuou como intermediário, responsável pelos Melodeers — os rapazes são menores de idade — e *road manager* do grupo. A turnê originalmente planejada, mais longa, encontrou resistência por parte dos pais, uma resistência vencida pelos possíveis benefícios da turnê, a longo prazo, para as carreiras dos meninos, e também — o argumento mais importante — pela garantia de que, no mínimo, os meninos voltariam para casa com muito mais dinheiro do que ganhavam em seus empregos atuais. (Tudo indica que as implicações políticas não tiveram muito peso.) Uma série de igrejas tinha sido escolhida para suas apresentações, cobrindo, supostamente, todo o Sul. "O combinado", escreve David, "era que deveríamos cantar", e em seguida o partido pronunciaria discursos e faria circular petições. "O plano", observa David laconicamente, "parecia muito promissor, e por isso decidimos ir."

E, de fato, foram para o Sul em grande estilo, num vagão Pullman, para ser exato, no qual — como, segundo David, "um cavalheiro sulista e sua esposa" se opuseram à presença deles — os meninos viajaram sozinhos.

---

* A fronteira entre o Norte e o Sul, que separava a União (Norte) da Confederação (Sul) durante o período da Guerra da Secessão, e ainda é considerada a divisa entre as duas regiões. (N. T.)
** Espécie de carcereiro que atua em instituições de reabilitação de delinquentes juvenis. (N. T.)

* * *

Na sede da campanha de Wallace em Atlanta, foram apresentados a uma certa sra. Branson Price, uma mulher branca de cabelos grisalhos e inclinações aristocráticas irreprimíveis, que era, ao que parece, a diretora do partido na região. A cordialidade com que a senhora os recebeu foi só um pouco prejudicada pelo fato de que ela não estava esperando cantores, e sim uma nova leva de cabos eleitorais. A sra. Price providenciou quartos para eles na ACM da Butler Street. Aqui surgiu o primeiro descompasso entre o que foi prometido e o que se materializou, um descompasso que lhes pareceu insignificante demais para dar motivo a um protesto. Em Nova York, haviam lhes prometido uma privacidade relativa, um quarto para cada dois rapazes; mas agora, constataram, teriam de ficar em um dormitório. Era ao sr. Warde que cabia a tarefa de resolver o problema desse descompasso, mas, seja porque estava cansado da viagem, seja porque não ousaria enfrentar a aristocrática sra. Price, o sr. Warde não abriu a boca e, na verdade, manteve-a fechada por um bom tempo.

Quando eles voltaram para a sede da campanha, um tanto irritados por terem sido obrigados a esperar três horas pela chegada de Louis Burner, que estava com o dinheiro para pagar as acomodações, a sra. Price sugeriu que fossem à rua para pedir votos. O pedido foi totalmente inesperado, já que em Nova York ninguém falara em trabalhar para a campanha, e também porque os cabos eleitorais são trabalhadores voluntários que não são pagos. Além disso, o mais velho dos rapazes tinha vinte anos, e portanto não tinha idade para votar, e nenhum deles sabia nada sobre o Partido Progressista, nem estava muito interessado em saber. Por outro lado, é um pouco difícil dizer não a uma senhora aristocrática de cabelos brancos que trabalha dia e noite em prol do povo negro; e o sr. Warde, que deveria atuar como porta-voz dos rapazes, ainda não havia recuperado sua voz; assim, eles se muniram de petições, que se destinavam a colocar o partido de Wallace na cédula, e começaram a bater de porta em porta nos bairros negros de Atlanta. Eles trabalhavam aos pares, formados por um branco e um negro, uma tática política que não apenas atua como prova viva de fraternidade, mas tem a virtude adicional de reduzir ao silêncio passivo as pessoas mais suscetíveis, que não se sentem à vontade de exprimir seu desprezo e sua impaciência com um homem branco desconhecido e simpático sentado em sua sala de estar.

Trabalharam na campanha por três dias, durante os quais suas despesas — 2,25 dólares por cabeça por dia — foram cobertas, mas durante todo esse tempo não estavam cantando nem ganhando dinheiro. No terceiro dia, eles observaram que não era bem isso que lhes havia sido prometido em Nova York, e em resposta a invencível sra. Price lhes deu outra sugestão: eles não gostariam de cantar num caminhão de som? Eles não tinham a menor vontade de cantar em um caminhão de som, principalmente porque o combinado era cantar numa série de igrejas; no entanto, as igrejas, tal como o vigor do sr. Warde, pelo visto estavam indisponíveis no momento; eles não podiam ficar parados em Atlanta sem fazer nada; e enquanto trabalhassem pelo partido, pelo menos a comida era garantida. Escreve David: "A gente cantava para atrair uma multidão a que os membros do partido depois discursavam". Quando a apresentação do grupo estava se aproximando do fim e durante os discursos, panfletos e petições eram distribuídos à multidão.

David não viu nos negros do Sul nenhuma diferença importante em relação aos do Norte; apenas achou muitos deles desconfiados, e comentou: "Eles falam muito sobre o Norte; fazem questão de dizer que conhecem alguém em Nova York ou Chicago ou Detroit". Quanto às multidões que se formavam — e tudo indica que os Melodeers atraíram muita gente —, "boa parte dessa gente não sabia ler nem escrever o próprio nome", e poucos tinham algum conhecimento do Partido Progressista. Mas, como sempre fazem os negros americanos, eles adivinharam o que se esperava deles; e ouviam os discursos e assinavam as petições.

    Movidos pelo desespero e pela impaciência, os Melodeers começaram a agendar apresentações e cantar por conta própria, em vez de fazer campanha e ensaiar. Assumiram um número excessivo de compromissos, que depois não puderam cumprir; em parte porque a falta de dinheiro limitava a sua mobilidade, mas também porque o partido, ao saber dessas apresentações clandestinas, exigiu obediência. As igrejas que se recusavam a abrir espaço para o partido não puderam receber o quarteto, que desse modo perdeu a última esperança de ganhar algum dinheiro. Os rapazes se perguntavam o que teria acontecido com o sr. Warde. O relato de David praticamente o ignora até quase o final da viagem, quando seu papel na história toda talvez seja esclarecido em parte.

    Então as coisas começaram a piorar cada vez mais. Os rapazes tiveram uma discussão com o gerente da ACM, que não queria deixá-los ensaiar, e se mudaram para uma casa particular; o partido cobriu esse gasto, a 75 centavos a diária por cabeça; além disso, por decisão do partido — o qual, pelo visto, a essa altura já estava dando para trás, furioso — eles passaram a comer no Fraziers' Cafe, um restaurante para negros na Hunter Street, pagando 1,25 dólar diário por cabeça. Meu correspondente observa que eles não podiam escolher o que comer — "eles nos serviam o que bem entendiam", basicamente legumes murchos, ao que parece —, e "a gente saía com a mesma fome com que tinha entrado". Por outro lado, tinham o direito de escolher o que beber: chá, café ou refrigerante.

    Só Deus sabe o que levou a sra. Branson Price a dar uma festa nesse momento. Talvez a campanha estivesse indo muitíssimo bem; talvez o Fraziers' Cafe, local da festa, precisasse de uma receita extra, e talvez também acreditasse que, alinhando-se ao partido, estaria ajudando a criar um mundo melhor; talvez a sra. Price apenas desejasse voltar a assumir o papel de anfitriã generosa. Seja como for, numa noite de domingo ela deu uma festa para a qual todo mundo foi convidado. Meu irmão, que a essa altura estava muito preocupado com comida, observou com tristeza: "Serviram sorvete".

Os quatro rapazes instalaram-se numa mesa sozinhos, privados, porém, da companhia do sr. Warde, que foi convidado a sentar-se à mesa da sra. Price: "ela disse que seria uma honra", observa meu correspondente, sem dizer, no entanto, para quem seria uma honra. "Tinha um homem que diziam ser cantor *folk*", prossegue David, sarcástico, "e assim, naturalmente, todo mundo teve que ouvir algumas canções *folk*." Por fim, o lado folclórico da noite esgotou-se e o quarteto foi convidado a cantar. Eles cantaram quatro peças e, ao que parece, agradaram a todos, porque tiveram que ser bastante inflexíveis quando se recusaram a cantar mais uma. A tensão de cantar continuamente ao ar livre havia prejudicado suas vozes; um deles tinha ficado muito rouco. Assim, eles se recusaram, em meio a protestos ruidosos, e pediram desculpas. "Isso desagradou a sra. Price."

E muito. Ela não estava nem um pouco acostumada a ver rejeitadas suas sugestões, quanto mais seus pedidos. Na manhã de segunda-feira, ela chamou o sr. Warde ao seu escritório e lhe perguntou quem aqueles negrinhos pensavam que eram, e resolveu enviar todos de volta para o Norte no mesmo dia, de carro. O sr. Warde, que, tendo em vista a honra que lhe haviam feito na véspera, deve ter ficado um tanto atônito, protestou, e ela retrucou que poderia muito bem despachá-los sem carro; os seis poderiam muito bem ser forçados a pôr o pé na estrada. O que não é um modo agradável de viajar para um negro no Norte nem em Atlanta; um negro nortista, em particular, provavelmente não conseguirá ir muito longe. O sr. Warde tentou ganhar tempo: eles não podiam partir assim de repente, entre outros motivos porque tinham roupas na lavanderia que levariam um tempo para ficar prontas, roupas das quais não podiam abrir mão. A sra. Price, com o sangue aristocrático lhe subindo à cabeça, não quis ouvir falar de questões tão plebeias, e por fim, perdendo a paciência, ordenou ao sr. Warde que saísse de seu escritório: então ele não se lembrava de que estava na Geórgia? Ele não sabia que não tinha nada que se aboletar no escritório de uma mulher branca?

O sr. Warde, que certamente deve ter sentido o pão da solidariedade transformar-se em pedra em suas entranhas, saiu do escritório. Então o quarteto tentou pedir uma audiência; esbarraram numa recusa implacável e foram ameaçados pela polícia. Havia, aliás, segundo meu irmão, cinco policiais negros em Atlanta na época, os quais, embora não tivessem permissão para prender brancos, estariam sem dúvida dispostos a prender — mais ainda, dada sua posição, *ansiosos* por prender — qualquer negro que parecesse merecer ser preso. No Harlem, os policiais negros inspiram ainda mais medo do que os brancos, porque eles têm mais o que provar e menos maneiras de prová-lo. A perspectiva de ser preso em Atlanta deixou-os num pânico razoável: o que pode terminar com uma surra no Harlem pode muito bem terminar em morte lá. "E ao mesmo tempo", diz David, "era engraçado"; isto é, a presença dos cinco policiais negros era um tênue prenúncio da igualdade que é o objetivo do Partido Progressista.

Os rapazes não voltaram a ver a sra. Price; eles agora estavam desvinculados do partido, que se recusou a arcar com toda e qualquer despesa; só não foram parar na rua porque o aluguel da casa já estava pago. A comida, no entanto, era um problema. O sr. Warde trouxe-lhes "uns dois pães" e um pouco de geleia; eles se apresentaram mais uma vez. Ao longo da semana a sra. Price amoleceu o suficiente para mandar buscar as roupas do quarteto na lavanderia e enviar o sr. Warde, acompanhado por um homem branco que estivera na festa, à estação de ônibus para comprar as passagens. Este homem, cuja semelhança com o cavalheiro sulista do vagão Pullman não é de forma alguma diminuída por sua lealdade ao sr. Wallace, comprou as passagens e jogou-as no chão aos pés do sr. Warde, aconselhando-o a não mostrar sua cara preta na Geórgia nunca mais.

O quarteto, enquanto isso, juntou seis dólares fazendo biscates, o que era o suficiente, talvez, para três deles terem o que comer durante a viagem. Eles se separaram: três partiram naquela sexta-feira, e os outros dois ficaram mais uns dez dias, trabalhando para uma construtora. O sr. Warde saltou no meio do trajeto para visitar a família, prometendo ir assistir aos Melodeers em Nova York, mas até o momento em que esse texto estava sendo escrito, ainda não havia chegado. Os Melodeers riem quando falam dessa viagem agora, aquele riso gostoso e caloroso que é, segundo os brancos, uma herança específica dos negros, negros que já nascem com a afortunada capacidade de rir de todos os seus problemas. Por estranho que pareça, não guardam rancor em relação ao partido, ainda que não possam ser considerados simpatizantes dele. "Eles são todos iguais", David comenta comigo. "Nenhum deles nunca vai te fazer nada de bom; se você for bobo de acreditar nas promessas deles e depois se der mal, bem feito. Nenhum deles nunca que vai fazer nada por *mim*."

Notas de um filho nativo

No dia 29 de julho de 1943, meu pai morreu. No mesmo dia, algumas horas depois, sua última filha nasceu. Mais de um mês antes disso, quando todas as nossas energias estavam concentradas na espera desses acontecimentos, havia ocorrido em Detroit um dos conflitos raciais mais sangrentos do século. Horas depois da cerimônia fúnebre de meu pai, quando ele ainda estava na câmara-ardente, uma revolta racial irrompeu no Harlem. Na manhã do dia 3 de agosto, levamos meu pai para o cemitério, passando por ruas caóticas, cheias de cacos de vidro.

O dia do enterro do meu pai foi também o dia em que completei dezenove anos. Quando o levamos ao cemitério, estávamos cercados pelos detritos da injustiça, da anarquia, do descontentamento e do ódio. Para mim, era como se o próprio Deus tivesse preparado, para marcar a morte de meu pai, a mais prolongada e mais brutalmente dissonante das codas. E parecia-me também que a violência que nos cercava no dia em que meu pai partiu deste mundo tinha sido pensada como um corretivo para o orgulho de seu filho mais velho. Eu havia rejeitado a crença naquele apocalipse que ocupava um lugar central na visão de mundo de meu pai; pois bem — a vida parecia estar me dizendo —, eis aí um bom sucedâneo do apocalipse, enquanto o próprio não chega. Eu tendia a desprezar meu pai por ele viver naquelas condições, por nós vivermos naquelas condições. Quando chegou ao fim sua vida, comecei a me perguntar sobre ela, e também, de uma maneira nova, a me sentir apreensivo em relação à minha.

Nunca cheguei a conhecer meu pai muito bem. Nossa relação era difícil, em parte porque tínhamos em comum, cada um a seu modo, o vício do orgulho teimoso. Quando ele morreu, me dei conta de que quase nunca havia falado com ele. Muito tempo depois de sua morte, comecei a lamentar esse fato. A meu ver, é típico da vida nos Estados Unidos — onde as oportunidades, reais e imaginárias, são mais abundantes do que em qualquer outro lugar no mundo — a segunda geração não ter tempo para conversar com a primeira. Ao que parece, ninguém, nem mesmo meu pai, sabia sua idade exata, mas sua mãe nascera no tempo da escravidão. Ele fez parte da primeira geração de homens livres. Juntamente com milhares de outros negros, veio para o Norte depois de 1919, e eu fiz parte da geração que nunca tinha visto a paisagem do que os negros às vezes chamam de *Old Country*.*

Meu pai nasceu em New Orleans e era bem jovem no tempo em que Louis Armstrong, ainda menino, trabalhava como moleque de recados para as boates e os botequins vagabundos daquela cidade que sempre me era apontada como um dos maiores antros de perdição — até hoje, sempre que penso em New Orleans penso também, inevitavelmente, em Sodoma e Gomorra. Meu pai só falava em Louis Armstrong para nos proibir de ouvir seus discos; mas por muito tempo houve uma foto dele na parede da nossa

---

* Expressão (cujo sentido literal é "terra velha") usada pelos imigrantes europeus e seus descendentes para se referir ao país de origem. (N. T.)

casa. Foi fixada lá por uma das parentas do meu pai, uma mulher voluntariosa, que proibiu meu pai de retirá-la da parede. Ele obedeceu, mas acabou conseguindo fazer com que sua parenta fosse embora de casa, e quando, alguns anos depois, ela se viu numa situação difícil, já no final da vida, ele se recusou a lhe dar ajuda de qualquer espécie.

Creio que era um homem muito bonito. Digo isso com base nas fotografias e nas lembranças que guardo dele, endomingado, saindo para pregar um sermão em algum lugar, quando eu era pequeno. Bonito, orgulhoso e todo voltado para dentro, "que nem uma unha encravada", como alguém disse. Mas para mim, à medida que fui crescendo, ele parecia os chefes tribais africanos que eu tinha visto em fotos: ele realmente deveria andar nu, pintado para a guerra e coberto de mementos bárbaros, cercado de lanças. Por vezes, no púlpito, era assustador, e na esfera privada era de uma crueldade indizível; foi sem dúvida o homem mais ressentido que já conheci; e no entanto é inegável que havia uma outra coisa nele, oculta em seu âmago, que lhe concedia um tremendo poder, e até mesmo um charme avassalador. Tinha algo a ver com sua negrura, creio — ele era muito escuro —, com sua negrura e sua beleza, e com o fato de que ele sabia que era negro, mas não sabia que era belo. Dizia que se orgulhava de ser negro, mas esse fato também lhe acarretou muitas humilhações e restringiu sua vida a limites estreitíssimos. Quando entramos na adolescência, ele não era mais jovem, e já tinha sofrido muitas desgraças; a seu modo absurdamente exigente e protetor, amava os filhos, negros como ele, e como ele ameaçados; e todas essas coisas às vezes se estampavam em seu rosto quando ele tentava — sem jamais conseguir, que eu me lembre — estabelecer algum contato com um de nós. Quando sentava um dos filhos nos joelhos para brincar, a criança sempre ficava nervosa e começava a chorar; quando tentava ajudar um de nós a fazer o dever de casa, a tensão absolutamente implacável que emanava dele nos travava o cérebro e a língua de tal modo que ele, sem entender direito por quê, tinha um acesso de fúria, e a criança, sem saber o motivo, era castigada. Se alguma vez lhe ocorria a ideia de trazer para casa uma surpresa para os filhos, quase sempre era a surpresa errada; até mesmo as melancias grandes que com frequência trazia nas costas no verão acabavam causando as cenas mais horríveis. Não me lembro, em todos esses anos, de nenhuma ocasião em que um de seus filhos tenha se sentido feliz ao vê-lo chegar em casa. Com base no que consegui me informar a respeito de sua juventude, essa incapacidade de estabelecer contato com as outras pessoas parece tê-lo marcado desde sempre, e foi um dos fatores que o obrigaram a ir embora de New Orleans. Havia nele, portanto, alguma coisa de hesitante, um tatear às cegas, algo que nunca foi expresso e que foi enterrado junto com ele. Isso se tornava mais evidente quando ele se via diante de pessoas desconhecidas e tentava causar nelas uma boa impressão. Mas isso ele nunca conseguia, não por muito tempo. Migrávamos de igreja para igreja, igrejas cada vez menores, mais inviáveis, e cada vez o procuravam menos como pastor; quando morreu, havia muito tempo não recebia visita de nenhum amigo. Ele viveu e morreu ruminando um ressentimento espiritual intolerável, e assustava-me constatar, enquanto o levávamos para o cemitério, passando por aquelas ruas turbulentas e destruídas, o quão poderoso e transbordante era aquele ressentimento, e dar-me conta de que agora o ressentimento era meu.

Quando ele morreu, eu já havia saído de casa fazia pouco mais de um ano. Durante esse ano, tive a oportunidade de compreender o significado de todos os conselhos amargos de meu pai, de descobrir o segredo de seus lábios orgulhosamente cerrados, de sua postura rígida: eu havia me dado conta do peso que as pessoas brancas tinham no mundo. Entendi que isso tinha sido para os meus antepassados, e seria agora para mim, algo terrível com que eu teria de conviver, e que o ressentimento que contribuíra para a morte de meu pai também poderia me matar.

Ele ficou doente por muito tempo — enquanto nós, era o que percebíamos agora, repisávamos episódios de sua intransigência absurda à luz daquela sua doença e tentávamos sentir por ele uma compaixão que nunca, no fundo, era sincera. Antes não nos dávamos conta de que ele vivia consumido pela paranoia, e a constatação de que a crueldade que ele exercera sobre nossos corpos e nossas mentes tinha sido um dos sintomas de sua doença não era, na época, suficiente para nos permitirmos conceder-lhe o perdão. Os filhos mais novos sentiam, pura e simplesmente, alívio de pensar que ele nunca mais voltaria para casa. Minha mãe dizia que fora ele, no final das contas, quem os mantivera vivos por tantos anos, mas isso não significava nada, porque os problemas de manter os filhos vivos não têm nenhuma realidade para quem é filho. Já os mais velhos pensavam que, com a morte do pai, eles poderiam convidar seus amigos para visitá-los sem temer que seus amigos fossem insultados ou, como às vezes acontecia comigo, sem ser advertidos de que seus amigos estavam em aliança com o diabo e pretendiam roubar de nossa família tudo que possuíamos. (Eu sempre me perguntava, e esse pensamento me fazia odiá-lo, se possuíamos alguma coisa que alguém haveria de querer.)

Sua doença já não tinha nenhuma esperança de cura quando nos demos conta de que ele estava doente. Ele sempre fora tão estranho, e sempre vivera, como um profeta, numa comunhão tão inconcebível com o Senhor, que quando mergulhava num longo silêncio, pontuado por gemidos e aleluias e trechos de velhas canções, sentado junto à janela da sala, isso nunca parecia estranho para nós. Foi só quando meu pai começou a se recusar a comer porque, segundo ele, a família estava tentando envenená-lo, que minha mãe foi obrigada a aceitar como fato o que até então era encarado com uma suspeita relutante. Quando ele foi internado, descobriu-se que estava tuberculoso, e a doença mental acabou fazendo com que o mal físico o destruísse. Pois os médicos também não conseguiam fazê-lo comer à força, e, mesmo sendo alimentado por via intravenosa, ficou claro desde o início que não havia esperança de lhe salvar a vida.

Na minha imaginação, eu o via sentado junto à janela, prisioneiro de seus pavores; odiando e temendo a todos, inclusive seus filhos, que o haviam traído também ao tentarem se aproximar do mundo que o desprezara. Éramos nove. Comecei a me perguntar como teria sido para um homem como ele ter nove filhos que ele mal conseguia manter alimentados. Meu pai costumava fazer pilhérias sobre nossa pobreza, comentários em que, é claro, nunca achávamos muita graça; tampouco ele devia achar graça nelas, senão não teria tamanhos acessos de cólera ao ver que não ríamos muito de suas tentativas de humor. Ele se esforçava muitíssimo — e com bastante sucesso, para nosso azar — no sentido de nos afastar das pessoas que nos cercavam, pessoas que davam festas para pagar o aluguel, festas que entravam pela madrugada e que passávamos a noite ouvindo quando deveríamos estar dormindo, pessoas que diziam nomes feios e bebiam e brandiam navalhas em plena Lenox Avenue. Ele não conseguia entender por que essas pessoas, se dispunham de tanta energia, não a usavam para melhorar de vida. Tratava quase todos os moradores do nosso quarteirão com uma rispidez nem um pouco caridosa; e essas pessoas — bem como, é claro, os filhos delas — pagavam na mesma moeda.

Os únicos brancos que vinham à nossa casa eram assistentes sociais e cobradores. Quase sempre era minha mãe que os recebia, porque o humor do meu pai, sempre à mercê de seu orgulho, nunca era confiável. Ele deixava claro que encarava a presença dessas pessoas em sua casa como uma invasão: isso era expresso por sua postura, de uma rigidez quase ridícula, e por sua voz, áspera e de uma polidez agressiva. Aos nove ou dez anos de idade, escrevi uma peça que foi dirigida por uma jovem professora branca, que passou então a se interessar por mim, dando-me livros para ler e, reconhecendo meu gosto pelo teatro, decidiu me levar para assistir ao que ela denominava, com uma certa falta de tato, de "peças de verdade". Em nossa casa, era proibido frequentar o teatro; eu, porém, com a intuição cruel das crianças, desconfiava que a cor da pele da professora garantiria minha vitória. Quando, na escola, ela se propôs a me levar ao teatro, não procurei tirar o corpo fora, como talvez tivesse feito se ela fosse negra, e aceitei sua ideia de vir me pegar em casa uma noite. Então, espertamente, deixei que minha mãe se ocupasse do resto, e ela, tal como eu previra, disse a meu pai que não seria nem um pouco educado deixar que uma mulher tão gentil viesse à nossa casa à toa. Além disso, por ser uma professora, imagino que minha mãe opunha à ideia de pecado o conceito de "educação", palavra que, até mesmo para meu pai, tinha um peso doloroso.

Antes que a professora chegasse, meu pai me chamou para um canto e me perguntou *por que* ela estava vindo, que *interesse* ela poderia ter em nossa casa, num garoto como eu. Respondi que não sabia, mas também dei a entender que tinha algo a ver com educação. E percebi que meu pai estava esperando ouvir de mim alguma coisa — o quê, eu não sabia; talvez um pedido de que ele me protegesse dessa professora e da tal "educação". Porém eu não disse nada, a professora chegou e nós saímos. Ficou claro, durante a breve conversa travada em nossa sala, que meu pai permitia minha ida muito contra sua vontade, e que a teria proibido se ousasse fazê-lo. O fato de que ele não ousou me proibir de ir ao teatro me fez desprezá-lo: eu não tinha como saber que ele estava enfrentando, ali naquela sala, uma situação assustadora, totalmente sem precedentes.

Posteriormente, quando meu pai foi demitido, essa mulher tornou-se muito importante para nós. Ela era mesmo muito amável e generosa, e não mediu esforços para nos ajudar, em particular durante um inverno pavoroso. Minha mãe lhe fez o maior elogio que conhecia: disse que era uma "cristã". Meu pai não tinha como discordar, mas durante os quatro ou cinco anos em que estivemos mais próximos da professora, ele jamais confiou nela, e tentava sempre descobrir, no rosto franco daquela mulher do Meio-Oeste, sua motivação real e perversa, muito bem disfarçada. Anos depois, quando começou a ficar claro que aquela minha "educação" seria a perdição de minha alma, ele abriu o jogo, alertando-me de que meus colegas brancos não eram meus amigos de verdade, e que eu veria, quando fosse mais velho, que os brancos eram capazes de fazer qualquer coisa para derrubar um negro. Alguns deles às vezes eram até simpáticos, ele reconhecia, mas nenhum merecia confiança, e em sua maioria não eram nem mesmo simpáticos. O melhor era ter com eles o mínimo envolvimento possível. Eu não pensava assim, e estava convicto, na minha inocência, de que jamais pensaria como ele.

No último ano de vida de meu pai, porém, minha vida sofreu uma mudança radical. Fui morar em Nova Jersey, trabalhando na indústria bélica, trabalhando e vivendo em meio a sulistas, brancos e negros. Eu já tinha informações sobre o Sul, é claro, e sabia como os sulistas tratavam os negros e como eles achavam que os negros deviam se comportar, mas jamais me passou pela cabeça que alguém haveria de olhar para mim e exigir que *eu* me comportasse assim. Em Nova Jersey aprendi que ser negro significava, precisamente, ser alguém que nunca é olhado, porém está sempre à mercê dos reflexos causados nas outras pessoas pela cor da sua pele. Em Nova Jersey eu agia como sempre havia agido, ou seja, como alguém que se leva muito a sério — eu tinha que *agir* assim —, e isso levava a resultados de todo inacreditáveis. Em pouquíssimo tempo, conquistei a inimizade, expressa do modo mais engenhoso, de todos os meus superiores e de quase todos os meus colegas de trabalho. De início, para piorar a situação, eu não tinha a menor consciência do que estava acontecendo. Não sabia o que tinha feito, e em breve comecei a me perguntar como era possível atrair uma hostilidade tão unânime, intensa e insuportavelmente explícita. Eu sabia o que era discriminação racial, mas nunca a havia sentido na carne. Em três ocasiões, fui ao mesmo restaurante self-service e fiquei ao lado de alunos de Princeton diante do balcão, esperando que me trouxessem um hambúrguer e um café; nas três ocasiões tive que esperar muito tempo para que me servissem; mas foi só na quarta vez que me dei conta de que nunca ninguém havia me servido: eu é que era obrigado a me servir. Os negros não eram atendidos lá, me disseram, e todos estavam aguardando que eu percebesse que era sempre o único negro presente. Quando me disseram isso, decidi continuar indo lá sempre. Mas agora estavam preparados para me receber, e, apesar das cenas terríveis que ocorreram naquele restaurante, nunca mais consegui comer nele.

  Essa situação se repetia em todos os lugares em Nova Jersey, nos bares, nos boliches, nas lanchonetes, nas pensões. Eu era sempre obrigado a sair, em silêncio, ou trocando desaforos. Em pouco tempo me tornei mal-afamado; as crianças riam atrás de mim quando eu passava, e os adultos cochichavam ou gritavam — eles me tomavam mesmo por louco. E isso acabou me afetando, é claro; passei a ter medo de ir a qualquer lugar, e para compensar esse medo comecei a frequentar lugares aonde eu não devia ir e onde, na verdade, não tinha nenhuma vontade de estar. Minha má fama na cidade, é claro, aumentou minha má fama no trabalho, e meu expediente se transformou numa longa série de manobras acrobáticas com o objetivo de evitar confusões. Essas acrobacias, na verdade, não davam certo. Comecei a achar que toda a maquinaria da organização onde eu trabalhava funcionava, dia e noite, com um único objetivo: me expulsar. Uma vez fui despedido, e consegui, com a ajuda de um amigo de Nova York, ser recontratado; novamente fui demitido, e mais uma vez consegui voltar. A terceira demissão demorou um pouco mais para chegar, mas dessa vez não houve jeito. Não havia mais como voltar. Não consegui nem mesmo ultrapassar os portões da fábrica.

Esse ano passado em Nova Jersey permanece na minha lembrança como o ano em que, tendo uma inclinação insuspeita para uma doença crônica terrível, eu por fim a contraí, uma doença tendo como sintoma infalível uma espécie de febre cega, um latejar no crânio e uma ardência nas entranhas. Quem contrai essa doença nunca mais voltará a ficar de todo despreocupado, pois a febre, sem aviso prévio, pode voltar a qualquer momento. Ela destrói coisas mais importantes do que as relações raciais. Não há um negro vivo que não tenha essa raiva no sangue — as duas únicas opções são conviver com ela de modo consciente ou entregar-se a ela. Quanto a mim, a febre voltou a me atacar, e vai voltar outras vezes, até o dia da minha morte.

Na minha última noite em Nova Jersey, um amigo branco nova-iorquino me levou à cidade grande mais próxima, Trenton, para irmos ao cinema e bebermos alguma coisa. E ele acabou me salvando, no mínimo, de uma surra violenta. Quase todos os detalhes dessa noitada ficaram gravados com muita nitidez na minha memória. Lembro-me até do nome do filme que vimos, porque o título chamou minha atenção por ser de uma ironia tão patente. Era um filme sobre a ocupação alemã da França, estrelando Maureen O'Hara e Charles Laughton, chamado *Esta terra é minha*. Lembro-me do nome da lanchonete em que entramos quando o filme terminou: era a American Diner. Ao entrarmos, o homem que trabalhava no balcão perguntou o que queríamos, e lembro que respondi com a aspereza automática que se tornara minha maneira habitual de falar: "Queremos um hambúrguer e um café, o que é que você acha que a gente ia querer?". Não sei por quê, depois de um ano de rejeições, não consegui em absoluto prever a sua resposta óbvia: "Não servimos negros aqui". A resposta não me abalou, pelo menos não na hora. Fiz algum comentário sarcástico sobre o nome do restaurante, e voltamos para a rua.

    Nessa época havia blecautes parciais: as luzes de todas as cidades americanas eram muito fracas. Quando voltamos para a rua, aconteceu comigo uma espécie de ilusão de óptica, ou um pesadelo. As ruas estavam muito cheias e eu estava voltado para o norte. Havia gente andando em todas as direções, mas tive a impressão, naquele instante, de que todas as pessoas que eu estava vendo, e muitas outras que eu não via, estavam vindo em minha direção, contra mim, e que todas eram brancas. Lembro que seus rostos brilhavam. E senti, como uma sensação física, um *estalo* na nuca, como se alguma corda interior, ligando minha cabeça ao tronco, tivesse sido cortada. Comecei a andar. Ouvi meu amigo me chamando, mas o ignorei. Só Deus sabe o que se passava na sua cabeça, mas ele teve o bom senso de não tocar em mim — não sei o que teria acontecido se ele tivesse feito tal coisa — e de não me perder de vista. Também não sei o que estava se passando na minha própria cabeça; sem dúvida, eu não tinha nenhum plano consciente. Eu queria fazer alguma coisa para esmagar aqueles rostos brancos, que estavam me esmagando. Andei um ou dois quarteirões até chegar a um restaurante enorme e chique, feericamente iluminado, no qual, estava claro para mim, nem mesmo com a intercessão da Virgem Maria eu conseguiria ser atendido. Empurrei as portas, peguei o primeiro lugar vago que vi, em uma mesa para duas pessoas, e fiquei esperando.

    Não sei quanto tempo esperei, e me pergunto até hoje que cara eu estava fazendo. Fosse qual fosse minha cara, o fato é que assustei a garçonete, que logo apareceu, e assim que a vi toda a minha fúria se concentrou nela. Odiei-a por ter um rosto branco, por ter aqueles olhos grandes, perplexos e assustados. Pensei que, se ela sentia tanto medo de um negro, eu devia fazer jus àquele medo.

Ela não me perguntou o que eu queria, apenas ficou repetindo, como se tivesse aprendido a frase em algum lugar: "Nós não atendemos negros aqui". Não falava com a hostilidade contundente e desdenhosa que eu estava tão acostumado a encontrar, e sim num tom de quem pedia desculpas e tinha medo. Isso me tornou ainda mais frio, e despertou ainda mais meus impulsos assassinos. Senti que precisava fazer alguma coisa com as mãos. Eu queria que ela chegasse perto o suficiente para que eu lhe agarrasse o pescoço.

Assim, fingi que não tinha entendido, na esperança de que a moça chegasse mais perto. E de fato ela se aproximou mais um pouco, com o lápis pousado inutilmente sobre o bloco de papel, e repetiu sua fórmula: "... não atendemos negros aqui".

Não sei por quê, com a repetição daquela frase, que ecoava na minha cabeça como se fossem mil sinos num pesadelo, percebi que ela não chegaria mais perto, e que eu teria que atacar de longe. Não havia nada na mesa além de uma caneca meio cheia de água; peguei-a e atirei-a em direção à moça com toda a força. Ela se abaixou e esquivou-se, e a caneca se espatifou no espelho atrás do balcão. E, ao ouvir esse ruído, meu sangue congelado de repente se liquefez, voltei do lugar onde eu estava até então, fosse ele qual fosse, e *vi*, pela primeira vez, o restaurante, as pessoas boquiabertas, levantando-se, foi o que me pareceu, todas ao mesmo tempo, e me dei conta do que eu tinha feito, e onde eu estava, e tive medo. Levantei-me e corri em direção à porta. Um homem barrigudo me agarrou pela nuca no momento em que cheguei à porta e começou a me socar no rosto. Chutei-o, soltei-me e saí correndo pela rua. Meu amigo sussurrou: "*Corre!*". E foi o que fiz.

Meu amigo ficou parado à entrada do restaurante tempo suficiente para despistar meus perseguidores e a polícia, a qual chegou, segundo ele, na mesma hora. Não sei o que eu lhe disse quando ele chegou ao meu quarto naquela noite. Não devo ter dito muita coisa. Eu tinha a sensação, uma sensação estranha e terrível, de que o havia traído de algum modo. Fiquei remoendo o incidente, vez após vez, como acontece com quem sofreu um acidente de automóvel e agora está sozinho e a salvo. Havia duas ideias que eu não conseguia tirar da cabeça, ambas igualmente difíceis de imaginar; uma era que eu poderia ter sido assassinado. Mas a outra era que eu poderia muito bem ter cometido um assassinato. Eu não conseguia entender nada com muita clareza, mas uma coisa estava clara: minha vida, minha vida *real*, estava correndo perigo, não por conta de alguma coisa que as outras pessoas pudessem fazer, mas por efeito do ódio que havia no meu coração.

II

Eu tinha voltado para casa na segunda semana de junho — correndo, porque parecia que a morte do meu pai e o parto de minha mãe ocorreriam numa questão de horas. No caso da minha mãe, logo ficou claro que ela havia simplesmente cometido um erro de cálculo. Isso sempre acontecia com ela, e creio que nenhum de nós veio ao mundo, nem chegou a qualquer outro lugar desde então, na hora certa. Mas nenhum de nós demorou para nascer de modo tão insuportável quanto minha irmã caçula. Às vezes, durante aquelas semanas intermináveis e sufocantes, nos divertíamos imaginando a criança sentada dentro daquela escuridão morna e protetora, lamentando amargamente a necessidade de se tornar parte do nosso caos e protelando a hora de fazê-lo, obstinada, enquanto pudesse. Eu a entendia muito bem e a admirava por demonstrar tanto bom senso tão cedo. A morte, no entanto, aguardava à cabeceira do meu pai de modo tão implacável quanto a vida se agitava dentro do ventre da minha mãe, e não era muito fácil compreender por que meu pai permanecia por tanto tempo naquela prolongada penumbra. Era como se ele viesse concentrando, e por muito tempo, toda a sua energia no processo de morrer. Agora a morte estava pronta para levá-lo, mas meu pai relutava.

Todo o Harlem, de fato, parecia estar contaminado pela espera. Eu nunca antes vira o bairro tão violentamente tranquilo. As tensões raciais em todo o país foram exacerbadas durante os primeiros anos da guerra, em parte porque o mercado de trabalho reunia centenas de milhares de pessoas despreparadas, e em parte porque os soldados negros, a despeito de sua origem, recebiam treinamento militar no Sul. O que acontecia nas fábricas da indústria bélica e nos acampamentos do Exército tinha repercussão, é claro, em todo o gueto negro. A situação no Harlem já estava tão ruim que religiosos, policiais, educadores, políticos e assistentes sociais afirmavam em uníssono que não havia nenhuma "onda de crimes", e no instante seguinte faziam propostas de combate à tal onda. Essas propostas sempre envolviam playgrounds, embora os conflitos raciais estivessem ocorrendo também nos playgrounds. Fosse como fosse, com ou sem playgrounds e ondas de crimes, o fato é que em março a polícia aumentou seus efetivos no Harlem, e a agitação cresceu — talvez, na verdade, em parte como resultado do ódio instintivo que os moradores do gueto sentiam pelos policiais. A notícia mais sintomática, destacando-se do desfile constante de relatos de assaltos, esfaqueamentos, tiroteios, agressões, guerras entre gangues e acusações de brutalidade policial, foi talvez o caso das seis moças negras que atacaram uma jovem branca no metrô porque, como elas explicaram com muita precisão, ela estava pisando nos calos delas. De fato, era o que estava acontecendo em todo o país.

Eu nunca tinha visto tantos policiais, a pé, a cavalo, nas esquinas, por toda parte, sempre aos pares. Também chamavam minha atenção os pequenos grupos de pessoas, nas escadas à entrada dos prédios, nas esquinas, nas portas das casas, e o que me impressionava nelas, creio, era que não pareciam estar conversando. Eu nunca, ao passar por esses grupos, ouvia o som habitual de um palavrão ou uma gargalhada, tampouco fofocas sendo cochichadas. Por outro lado, sem dúvida, havia entre essas pessoas uma comunicação muitíssimo intensa. Outra coisa que me chamava a atenção era a diversidade inesperada dos componentes desses grupos. Em situações normais, era comum ver, por exemplo, um grupo de almofadinhas numa esquina, dirigindo graçolas às moças que passavam; ou uma roda de velhos, na maioria das vezes — sei lá por quê — perto de uma barbearia, falando sobre beisebol, ou os *numbers*,* ou tecendo comentários um tanto depreciativos sobre as mulheres de suas vidas. Já as mulheres, de modo geral, eram vistas em grupos com menos frequência — a menos que fossem frequentadoras de igrejas, ou meninas muito jovens, ou prostitutas se reunindo num momento de folga do trabalho. Mas, naquele verão, vi as combinações mais estranhas: matronas grandalhonas, respeitáveis, com jeito de beatas, nas entradas dos prédios ou nas esquinas, com os cabelos presos, e em companhia delas uma moça com um traje de cetim vulgar, com marcas de gim e de navalha no rosto, ou então homens mais velhos, atarracados, sérios e diretos, em companhia dos mais mal-afamados e fanáticos "*race*" men,** ou esses mesmos "*race*" men com almofadinhas, ou almofadinhas com beatas. Adventistas do sétimo dia e metodistas e espíritas pareciam estar em comunhão com neopen-

---

* Loteria clandestina, semelhante ao jogo do bicho brasileiro. (N. T.)
** Homem negro que afirma sua identidade racial de modo contundente. (N. T.)

tecostais, e todos eles se misturavam com pessoas notoriamente não religiosas; algo de pesado em sua postura parecia indicar que todas essas pessoas tinham tido, por incrível que parecesse, uma visão comum, e em cada rosto parecia haver a mesma sombra estranha e amarga.

As beatas e os homens sérios e objetivos tinham filhos no Exército. As moças vulgares com quem eles conversavam tinham namorados lá, e os almofadinhas e *"race"* men tinham irmãos e amigos lá. Só mesmo um patriotismo cego — por sorte, neste país, tão raro quanto indesejável — teria tornado essas pessoas indiferentes às cartas cheias de raiva que recebiam, às matérias que liam nos jornais; teria impedido que elas reagissem com fúria aos cartazes, então espalhados por toda Nova York, que tachava os japoneses de "japas covardes". Somente os *"race"* men, sem dúvida, falavam o tempo todo em vingar-se — não estava claro de que modo essa vingança se daria — das humilhações e perigos sofridos pelos jovens soldados negros; mas todos tinham um ressentimento sem alvo, sem esperança, bem como o pânico que é tão difícil reprimir quando se sabe que um ente querido está ameaçado e nada se pode fazer por ele. Essa sensação de impotência e essa inquietação angustiante, com o tempo, acabam afetando até mesmo as mentes mais calejadas. A melhor maneira de resumir a situação é, talvez, observar que as pessoas que eu conhecia tinham acima de tudo uma estranha sensação de alívio quando ficavam sabendo que seus filhos estavam partindo do Sul para participar de uma guerra no exterior. Era como se julgassem que a parte mais perigosa de uma jornada perigosa estava concluída, e que agora, mesmo que a morte viesse, ela viria acompanhada de honra e sem a cumplicidade de seus compatriotas. Uma morte como essa seria, em suma, um fato com que se poderia conviver.

Foi no dia 28 de julho, creio que uma quarta-feira, que fui visitar meu pai pela primeira vez desde que ele adoecera, e pela última vez em sua vida. No momento em que o vi, compreendi por que havia adiado aquela visita por tanto tempo. Eu tinha dito à minha mãe que não queria vê-lo porque o odiava. Mas isso não era verdade. O fato é que eu o havia odiado no passado, sim, e queria me aferrar a esse ódio. Não queria vê-lo como uma ruína: o alvo de meu velho ódio não era uma ruína. Creio que uma das coisas que fazem as pessoas se apegar a seus ódios com tanta tenacidade é a sensação de que, uma vez dissipado o ódio, elas serão forçadas a enfrentar a dor.

Para ir visitá-lo, eu e sua irmã mais velha tivemos que fazer uma longa viagem à extremidade de uma Long Island que fazia jus ao próprio nome. Estava quente, havia muita poeira e nós passamos toda a viagem, eu e minha tia, brigando, porque eu tinha começado a fumar recentemente com a intenção, segundo ela, de "botar banca". Mas eu sabia que ela estava brigando comigo por não conseguir encarar o fato de que seu irmão estava morrendo. Tampouco eu conseguia suportar a realidade do desespero dela, de sua perplexidade muda diante do que havia acontecido com a vida de seu irmão e com a dela. Assim, brigávamos, e eu fumava, e de vez em quando ela mergulhava num devaneio pesado. Discretamente, eu observava seu rosto, que era um rosto de velha; havia desabado, os olhos estavam afundados e opacos; em pouco tempo também ela estaria morrendo.

Quando menino — não muito tempo antes —, eu a achava linda. Era uma mulher perspicaz e lépida, muito generosa com todas as crianças; cada visita sua era um acontecimento. Houve uma época em que eu e um dos meus irmãos chegamos a pensar em fugir de casa e ir morar com ela. Agora ela não conseguia mais tirar da bolsa nenhum presente inesperado e ao mesmo tempo familiar. Inspirava-me pena, repulsa e medo. Era terrível me dar conta de que eu não sentia mais nenhum carinho por minha tia.

Quanto mais nos aproximávamos do hospital, mais irritada ela ficava, e, naturalmente, mais ela dependia de mim. Em meio aos sentimentos de pena, culpa e medo, comecei a achar que havia um outro eu encerrado dentro do meu crânio, como um boneco numa caixinha de surpresas, prestes a escapar de meu controle a qualquer momento e sair gritando.

Minha tia começou a chorar no momento em que entramos no quarto e o vimos deitado, murcho e imóvel, como um macaquinho preto. O enorme aparelho reluzente que o alimentava, e que teria impedido seus movimentos mesmo se ele ainda fosse capaz de se mexer, parecia ser não o dispositivo que o mantinha vivo, e sim um instrumento de tortura; os tubos espetados em seu braço me traziam à mente ilustrações que eu vira na infância, de Gulliver amarrado pelos pigmeus daquela ilha. Minha tia chorava, chorava; uma espécie de assobio emergiu da garganta do meu pai; nada foi dito; ele não conseguia falar. Senti vontade de pegar-lhe a mão, dizer alguma coisa. Mas não sei o que eu poderia ter dito, mesmo se ele pudesse me ouvir. Na verdade, meu pai não estava naquele quarto conosco; já havia finalmente partido em sua viagem; e, embora minha tia me dissesse que ele tinha afirmado que ia se encontrar com Jesus, não ouvi nada além daquele assobio em sua garganta. O médico voltou e fomos embora, naquele mesmo trem insuportável, para casa. De manhã veio o telegrama dizendo que ele havia morrido. Então de repente a casa se encheu de parentes, amigos, histeria e confusão, e mais que depressa deixei minha mãe e as crianças aos cuidados daquelas mulheres impressionantes que, pelo menos nas comunidades negras, surgem de modo automático em épocas de luto, munidas de loções, provérbios, muita paciência e dotes culinários. Fui para o sul de Manhattan. Quando voltei, mais tarde, no mesmo dia, minha mãe já tinha sido levada para o hospital e o bebê havia nascido.

III

Para o funeral do meu pai, eu não tinha nenhuma roupa preta, um problema que me incomodou durante todo o dia. Era um desses problemas, simples ou impossíveis de resolver, a que nossa mente se apega de modo insensato para não ter que encarar o problema real. Passei a maior parte do dia longe do Harlem, no apartamento de uma garota, uma conhecida minha, comemorando meu aniversário com uísque e me perguntando o que ia vestir naquela noite. Quando se planeja uma festa de aniversário, naturalmente não se imagina que ela vá competir com um funeral, e a garota tinha planejado uma noitada comigo, que incluiria um jantar caprichado seguido de uma ida a uma boate. Em algum momento daquele dia interminável, decidimos que sairíamos assim mesmo, quando terminasse o funeral de meu pai. Creio que a decisão foi *minha*, mesmo, já que, à medida que se aproximava a hora do funeral, ficava cada vez mais claro para mim que eu não saberia o que fazer depois da cerimônia. A garota, contendo sua preocupação intensa referente aos possíveis efeitos do uísque sobre uma das figuras centrais do funeral, dedicou-se a me tranquilizar e resolver problemas práticos. Encontrou uma camisa preta para mim em algum lugar e passou-a a ferro; vesti as calças e o paletó mais escuros que tinha e, um pouco bêbado, fui para o funeral de meu pai.

A capela estava cheia, mas não lotada, e muito silenciosa. Os presentes eram, em sua maioria, parentes do meu pai e seus filhos; aqui e ali me deparei com rostos que não via desde a infância, rostos dos ex-amigos de meu pai. Muito escuros e solenes, eles pareciam de algum modo insinuar que sabiam de longa data que algo assim viria a acontecer. A pessoa mais importante na cerimônia era minha tia, que passara a vida toda brigando com meu pai; mas não quero dar a entender que seu luto fosse insincero ou que ela não o amasse. Creio que ela era uma das poucas pessoas no mundo que o amara, e aquela briga incessante entre eles era o exato testemunho da força dos laços que os ligavam. A única outra pessoa no mundo, a meu ver, que tivera uma relação com ele tão profunda quanto minha tia era minha mãe, que não estava presente.

A mim, naturalmente, o funeral pareceu demoradíssimo. Na verdade, porém, foi bem mais curto do que o normal, e além disso, como não houve manifestações avassaladoras e incontroláveis de dor, não se poderia dizer que o funeral foi — se me permito usar o termo — um sucesso. O pastor que oficiou a cerimônia era um dos poucos com quem meu pai ainda mantinha contato no final da vida. No sermão, ele nos falou sobre um homem que nenhum de nós jamais conhecera — um homem paciente e tolerante, cheio de consideração, um cristão inspirador para todos que o conheceram, um modelo para seus filhos. E sem dúvida as crianças, sentindo-se abaladas e culpadas, estavam quase dispostas a acreditar nisso; o meu pai sempre fora uma figura tão distante que podia muito bem ser qualquer coisa; além do mais, o fato inegável e chocante de que era o nosso pai quem jazia naquele caixão os tornava dispostos a aceitar o que quer que fosse. Sua irmã gemia, e esses gemidos dolorosos eram tomados como corroboração. Os outros rostos estampavam expressões pensativas, sombrias, evasivas. Não era esse o homem que eles haviam conhecido, mas ninguém esperava encontrá-lo ali; era, num sentido mais profundo do que o nível dos fatos, o homem que eles *não* tinham conhecido, e o homem que eles não tinham conhecido podia muito bem ter sido o verdadeiro. O homem real, fosse quem fosse, havia sofrido e agora estava morto: essa era a única certeza, e a única coisa que importava agora. Cada homem presente naquela capela esperava que, chegada sua hora, também viesse a ser elogiado, ou seja, perdoado, e que todas as suas fraquezas, ganâncias, erros e mentiras ganhassem coerência e fossem encarados com tolerância. Isso talvez fosse a última coisa que um ser humano podia dar a outro ser humano, e era o que eles exigiam, no final das contas, do Senhor. Só o Senhor testemunhava as lágrimas vertidas na calada da noite, só Ele estava presente quando um dos Seus filhos, gemendo e torcendo as mãos, andava de um lado para outro na sala. Quando alguém batia numa criança num momento de raiva, a pontada sentida no coração reverberava pelo céu e tornava-se parte da dor do universo. E quando as crianças estavam com fome e mal-humoradas e desconfiadas, e meu pai se dava conta de que a cada dia elas se tornavam mais rebeldes e distantes, correndo direto para o perigo, era o Senhor que compreendia a dor no coração do pai que lhes dava uma surra; só o Senhor sabia o que *poderia* ter sido dito por alguém que tivesse, como o Senhor, o dom do Verbo vivo. Era o Senhor que compreendia a exigência impossível imposta a cada pai e mãe presentes naquela sala: como preparar o filho para o dia em que ele seria alvo do desprezo, e como *criar* nesse filho — de que modo? — um antídoto contra este veneno, mais forte do que o que cada um tinha encontrado para si mesmo. As avenidas, as transversais, os bares, as sinucas, os hospitais, as delegacias, até mesmo os playgrounds do Harlem — para não falar nos reformatórios, nas cadeias e no necrotério — eram provas da força do veneno, e nada diziam a respeito da eficácia de qualquer antídoto, levantando a questão inevitável da possibilidade de existir um antídoto assim; levantando, o que era pior, a questão de ser ou não desejável tal antídoto; talvez o veneno devesse ser combatido com veneno. Com tantos conflitos na mente, e com terrores no coração tão numerosos que não podiam ser nomeados, melhor não julgar o homem que tinha desabado sob o peso de um fardo insuportável. Melhor lembrar: *Tu sabes da queda deste homem; mas não sabes de sua luta.*

Enquanto o pastor falava e eu observava as crianças — os anos que eu passara trocando suas fraldas, lavando-as, dando-lhes tabefes, levando-as para a escola e ralhando com elas tiveram o resultado talvez inevitável de me fazer amá-las, embora não esteja claro para mim se na época eu tinha consciência disso —, minha mente estava ocupada com uma erupção de impressões desconectadas. Trechos de canções populares, piadas indecentes, passagens de livros que eu tinha lido, sequências de filmes, rostos, vozes, questões políticas — achei que estava enlouquecendo; todas essas impressões estavam como que em suspensão na solução de náusea fraca produzida em mim pelo calor e pela bebida. Por um momento pensei que meu bafo alcoólico, mal disfarçado pela goma de mascar, tinha se espalhado por toda a capela. Então alguém começou a cantar uma das músicas favoritas de meu pai, e de repente me vi com ele, sentado em seu colo, na igreja quente, enorme e lotada que foi a primeira que frequentamos. Era a Igreja Batista Abissínia da rua 138. Não a frequentamos por muito tempo. Junto com essa imagem, surgiu uma série de outras. Eu tinha esquecido, em meio à raiva que me tomava à medida que crescia, o quanto meu pai se orgulhava de mim quando eu era pequeno. Ao que parece, minha voz era boa, e meu pai gostava de me exibir para os membros da igreja. Eu tinha esquecido como ele era quando estava satisfeito, mas naquele momento lembrei que ele sempre sorria de prazer quando terminavam meus solos. Lembrei-me até mesmo de certas expressões em seu rosto quando caçoava de minha mãe — será que ele a tinha amado? Isso eu jamais saberia. E quando foi que tudo começou a mudar? Pois de repente tive a impressão de que ele nem sempre fora cruel. Lembrei-me de que uma vez fui levado para cortar o cabelo e arranhei meu joelho no apoio para os pés da cadeira do barbeiro; recordei-me do rosto de meu pai ao me acalmar enquanto eu chorava, passando iodo no machucado, que ardia. Então me lembrei das nossas brigas, o pior tipo de briga possível, porque minha estratégia era calar-me.

Lembrei-me da única vez em nossas vidas em que realmente falamos um com o outro.

Foi num domingo, e deve ter sido pouco antes de eu sair de casa. Caminhávamos, só nós dois, em silêncio, como sempre, indo ou voltando da igreja. Eu estava no ensino médio; andava escrevendo muito, e mais ou menos nessa época era o redator da revista do meu colégio. Além disso, porém, atuava como pastor júnior, pregando no púlpito. Nos últimos tempos, meu envolvimento estava diminuindo, e eu pregava o mínimo possível. Comentava-se na igreja, com toda a razão, que eu estava "esfriando".

Meu pai me perguntou abruptamente: "Você prefere escrever em vez de pregar, não é?".

Fiquei atônito com a pergunta — porque era mesmo uma pergunta. Respondi: "É".

Foi tudo que dissemos. Era terrível lembrar que aquela fora a nossa *única* conversa.

O caixão foi então aberto, e as pessoas estavam sendo encaminhadas até ele para ver o falecido pela última vez. A ideia era que os familiares estavam tão transtornados de sofrimento que não conseguiriam caminhar pela nave sem auxílio; vi minha tia sendo levada até o caixão e, trêmula, envolta em roupas negras, sendo trazida de volta para o banco. Eu era contra levarem as crianças para ver o pai morto, pois achava que o choque de sua morte — ou, para ser mais exato, o choque da morte em si — era uma realidade um pouco excessiva para uma criança, mas minha opinião não foi levada em conta, e lá estavam elas, perplexas, assustadas, ainda tão pequenas, sendo levadas, uma por uma, até o caixão. Mas há também algo muito corajoso nas crianças em momentos assim. Tem a ver com o silêncio e a seriedade delas, e também com o fato de que nada podemos fazer por elas. Suas pernas, de alguma forma, parecem *expostas*, de modo que é ao mesmo tempo inacreditável e terrivelmente evidente que as pernas são as únicas coisas com que elas contam para não desabar.

Eu mesmo não tinha vontade de me aproximar do caixão, e menos ainda de ser levado até ele, mas não havia como evitar as duas coisas. Um dos diáconos me acompanhou, e então olhei para o rosto de meu pai. Não parecia ele em absoluto. Sua negrura tinha sido atenuada por pó de arroz, e dentro daquele caixão não havia nenhum vestígio do poder que ele tivera, ou poderia ter tido. Era apenas um velho morto, e era difícil acreditar que ele tivesse proporcionado alegria ou dor a alguém. No entanto, sua vida enchia a capela. Perto dali, na mesma avenida, sua esposa segurava no colo a filha dele, recém-nascida. Aquela proximidade entre vida e morte, amor e ódio, certo e errado me dizia algo que eu não queria ouvir a respeito dos homens, das vidas humanas.

Concluído o funeral, enquanto eu comemorava desesperadamente meu aniversário em outra parte da cidade, um soldado negro, no saguão do Hotel Braddock, brigou com um policial branco por causa de uma moça negra. Moças negras, policiais brancos, de uniforme ou à paisana, e homens negros — de uniforme ou à paisana — faziam parte do mobiliário do saguão do Hotel Braddock, e sem dúvida não era a primeira vez que ocorria um incidente como aquele. No entanto, aquele episódio viria a receber uma atenção sem precedentes, porque, na briga entre o policial e o soldado, este acabou levando um tiro. A versão que na mesma hora se espalhou pelas ruas era a de que o soldado tinha sido baleado nas costas, uma invenção instantânea e reveladora, e que ele morrera protegendo uma mulher negra. Os fatos não eram exatamente aqueles — entre outras coisas, o soldado não fora baleado nas costas e não tinha morrido, e a moça, ao que parecia, era uma representante de seu sexo tão suspeita quanto seria uma contraparte branca dela, na Geórgia, na maioria dos casos —, mas ninguém estava interessado nos fatos. Todos prefeririam a invenção, porque ela expressava e corroborava perfeitamente seus ódios e temores. É bom lembrar que as pessoas sempre agem assim. Talvez muitas das lendas — o cristianismo entre elas — a que o mundo se apega tenham começado a conquistar o mundo submetidas a esse exato tipo de distorção motivada. O efeito que a lenda em questão teve sobre o Harlem foi como o de um fósforo riscado numa lata de gasolina. A multidão se reuniu diante das portas do Hotel Braddock e começou a inchar e se espalhar em todas as direções, até que o Harlem explodiu.

A multidão não cruzou os limites do gueto. Teria sido fácil, por exemplo, entrar em Morningside Park pelo lado oeste, ou cruzar os trilhos da Grand Central na rua 125, no lado leste, e causar estragos em bairros brancos. Ao que parece, a multidão estava mais interessada em algo mais forte e real do que os rostos brancos: o poder branco; os maiores estragos causados durante o protesto do verão de 1943 foram sofridos pelos estabelecimentos comerciais do Harlem cujos proprietários eram brancos. O derramamento de sangue poderia ter sido muito maior, é claro, se, na hora em que o tumulto começou, esses estabelecimentos ainda estivessem abertos. Do Hotel Braddock a multidão se espalhou, para o leste e o oeste, ao longo da rua 125, e por toda a extensão das avenidas Lenox, Sétima e Oitava. Em cada uma dessas avenidas e em todas as ruas transversais — 116, 125, 135 etc. —, bares, lojas, casas de penhores, restaurantes, até mesmo pequenas lanchonetes foram arrombados, invadidos e saqueados — saqueados, vale a pena acrescentar, com mais pressa do que eficiência. Era como se as prateleiras tivessem sido atingidas por uma bomba. Latas de feijão, de sopa, de comida de cachorro, junto com papel higiênico, flocos de milho, sardinhas e leite, se espalhavam para todos os lados, e havia caixas registradoras e engradados de cerveja largados de qualquer jeito nas vitrines estraçalhadas e nas calçadas das avenidas. Lençóis, cobertores e roupas de todo tipo formavam uma espécie de trilha, como se as pessoas tivessem largado esses objetos enquanto corriam. Na verdade, só fui me dar conta de que o Harlem tinha *tantas* lojas quando as vi todas quebradas; a primeira vez que associei mentalmente a palavra "riqueza" com o Harlem foi quando a vi espalhada pelas ruas. Mas a impressão inicial e incongruente de abundância era seguida de imediato pela sensação de desperdício. Ninguém ganharia nada com aquilo. Teria sido melhor deixar as vidraças intactas e as mercadorias dentro das lojas.

Teria sido melhor, mas também teria sido intolerável, pois o Harlem precisava de algo para destruir. Destruir alguma coisa é a necessidade crônica do gueto. Na maioria das vezes, os moradores do gueto se destroem mutuamente, e se autodestroem. Mas, enquanto as paredes do gueto existirem, sempre haverá um momento em que essas vias de escape não serão suficientes. Naquele verão, por exemplo, não era suficiente armar uma briga na avenida Lenox, nem xingar os companheiros nas barbearias. Na verdade, se algum dia a violência que enche as igrejas, as sinucas e os bares do Harlem explodir para fora de modo mais direto, é quase certo que o Harlem e seus cidadãos desapareçam numa enchente apocalíptica. É improvável que isso venha a acontecer por muitas razões, e uma das razões mais ocultas e fortes é a relação real entre o negro e o americano branco. Essa relação proíbe, de modo taxativo, algo tão simples e satisfatório quanto o ódio puro e simples. Para odiar de fato as pessoas brancas, seria preciso apagar tanta coisa da mente — e do coração — que o ódio se tornaria uma atitude exaustiva e autodestrutiva. Mas isso não quer dizer, por outro lado, que o amor seja fácil: o mundo branco é poderoso demais, autocomplacente demais, excessivamente dado a perpetrar humilhações gratuitas e, acima de tudo, ignorante e inocente demais para que isso seja possível. O indivíduo é forçado a fazer ressalvas o tempo todo, e suas próprias reações estão sempre se anulando mutuamente. É esse o fator que enlouquece tantas pessoas, brancas e negras. A cada momento é necessário escolher entre a amputação e a gangrena. A amputação é rápida, mas o tempo pode vir a demonstrar que não era necessária — ou o momento da amputação pode ser adiado por um tempo excessivo. Já a gangrena é lenta, mas é impossível ter certeza de que se está diagnosticando os sintomas corretamente. A ideia de ficar aleijado para o resto da vida é insuportável, tanto quanto o risco de inchar aos poucos, em meio a dores terríveis, de veneno. Em última análise, o problema é que os riscos são reais, mesmo que as opções não existam.

"Quanto a mim e à minha casa", dizia meu pai, "serviremos ao Senhor." Eu me perguntava, enquanto o levávamos ao túmulo, qual o significado que esse versículo tinha para ele. Eu o ouvira citá-lo em suas pregações muitas vezes. Eu mesmo o usara uma vez no púlpito, orgulhoso por lhe dar uma interpretação diferente da do meu pai. Agora tudo aquilo me voltava à mente, como se eu e meu pai estivéssemos a caminho da escola dominical e eu estivesse decorando o texto áureo: *Porém, se não vos parece bem servir ao Senhor, escolhei hoje a quem quereis servir: se aos deuses aos quais serviram vossos pais do outro lado do rio, ou aos deuses dos amorreus em cuja terra agora habitais. Quanto a mim e à minha casa, serviremos ao Senhor*. Veio-me a ideia de que nessas palavras tão conhecidas havia um significado que nunca existira para mim. Todos os textos e as canções do meu pai, os quais eu havia julgado que não tinham sentido, se dispuseram diante de mim no momento de sua morte como garrafas vazias, esperando para recolher o significado que a vida lhes daria para mim. Era este o seu legado: nunca se pode escapar de nada. Naquela manhã sombria e memorável, eu odiava aquelas ruas inacreditáveis, bem como os negros e brancos que as tinham deixado, com igual responsabilidade, naquele estado. Mas eu sabia que isso era loucura, como diria meu pai; aquele ressentimento era loucura. Era necessário apegar-me às coisas que eram importantes. O morto era importante, a nova vida era importante; a cor da pele não tinha importância; atribuir-lhe importância era contribuir para a minha própria destruição. O ódio, que era capaz de destruir tantas coisas, sempre destruía aquele que odiava: isso era uma lei imutável.

Comecei a achar que era necessário conservar na mente o tempo todo duas ideias que pareciam contrárias. A primeira era a de aceitação, a aceitação, totalmente despida de rancor, da vida tal como ela é, e dos homens tais como eles são: à luz dessa ideia, é claro, a injustiça é inevitável. Mas isso não significava que se podia ser complacente, pois a segunda ideia tinha a mesma força: nunca devemos, na nossa própria vida, aceitar essas injustiças como inevitáveis, e sim combatê-las com toda a nossa força. Essa luta começa, porém, no coração, e agora era responsabilidade minha manter meu coração livre do ódio e do desespero. Essa responsabilidade me onerava; e, tendo perdido meu pai de modo irrecuperável, eu desejava que ele estivesse ao meu lado, para perscrutar seu rosto em busca das respostas que, agora, só o futuro poderia me dar.

TERCEIRA PARTE

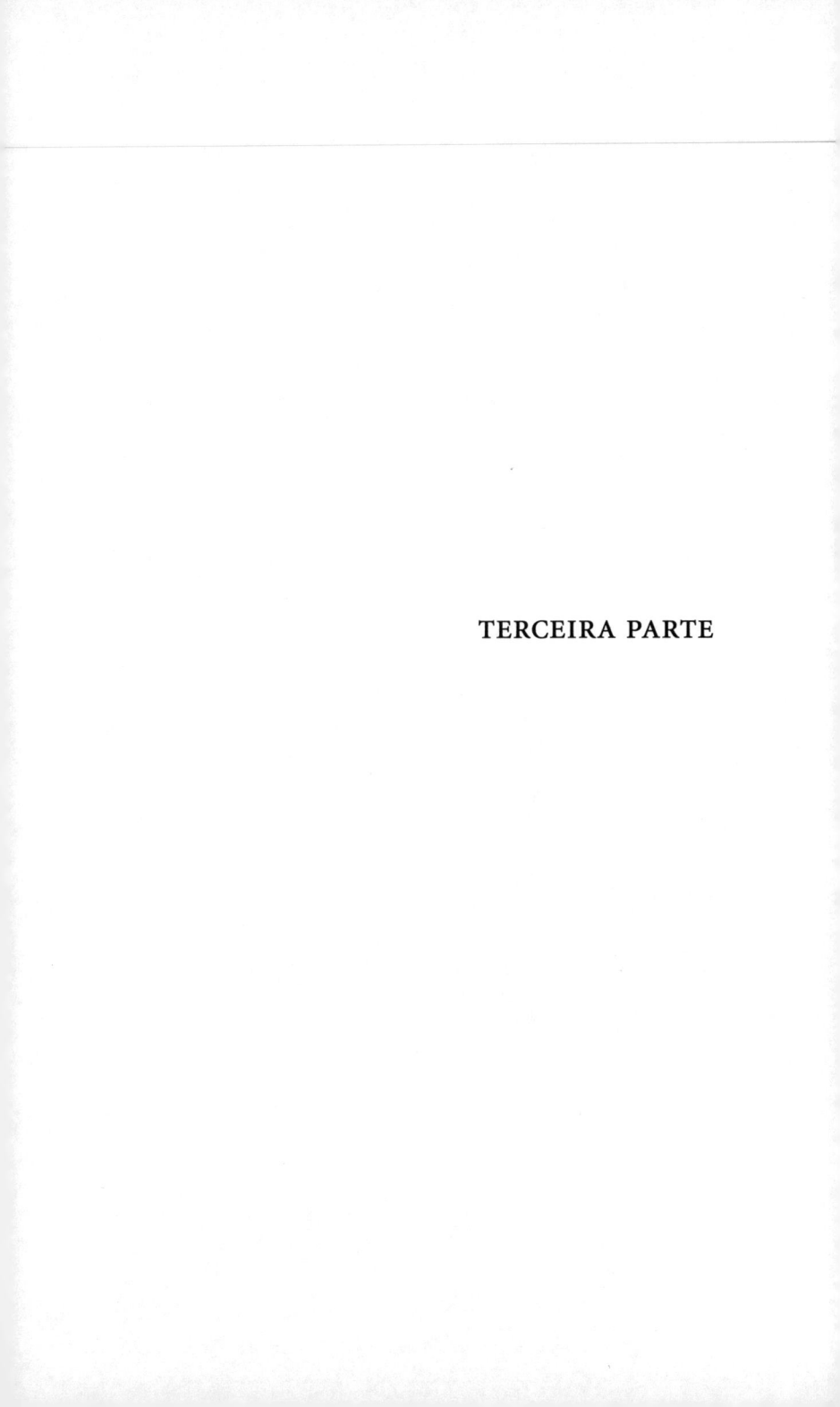

Encontro à margem do Sena: negros e pardos

Em Paris, é bem mais difícil para um negro americano fazer muito sucesso no mundo do entretenimento hoje em dia do que há cerca de trinta anos, a julgar pelo que dizem. Por exemplo, não se bebe mais champanhe em sapatos, e a nota de mil francos, com seu colorido frívolo, não é tão elástica, nem se gasta com tanta prodigalidade quanto nos anos 1920. Os músicos e cantores que estão aqui agora têm que trabalhar muito para desenvolver o refinamento e o estilo que lhes garantirão o triunfo. Como testemunhas dessa possibilidade sempre tentadora, artistas cuja eminência é incontestável, como Duke Ellington e Louis Armstrong, de vez em quando se apresentam aqui. Alguns de seus discípulos ambiciosos estão chegando ao topo, ou já chegaram lá; outros começam a ganhar uma reputação que ainda não foi testada nos Estados Unidos. Gordon Heath, conhecido por sua atuação no papel do soldado sofrido de *Deep Are the Roots*, espetáculo montado na Broadway há alguns anos, canta baladas todas as noites em sua própria boate na Rue L'Abbaye; e no momento todo mundo que vem a Paris mais cedo ou mais tarde descobre a Chez Inez, uma boate no Quartier Latin que pertence a uma cantora chamada Inez Cavanaugh, especializada em frango frito e jazz. É na Chez Inez que muitos desconhecidos se apresentam pela primeira vez em público, e a partir daí seguem, ainda que nem sempre para sucessos maiores, pelo menos para outras boates, e às vezes conseguem um contrato para fazer uma turnê na Riviera durante a primavera e o verão.

Em geral, apenas os artistas negros conseguem manter uma camaradagem útil e sincera com outros negros. Seus compatriotas de cor que não atuam no show business são, quase sem exceção, muitíssimo mais isolados, e há que reconhecer que esse isolamento é proposital. Estima-se que haja quinhentos negros americanos vivendo nesta cidade, a grande maioria deles ex-combatentes, estudando por conta da G. I. Bill.* Eles fazem todo tipo de curso, desde o Cours de Civilisation Française básico da Sorbonne até psicopatologia, neurocirurgia, música, belas-artes e literatura. Compreende-se seu isolamento quando se leva em conta o axioma, jamais questionado pelos senhorios americanos, de que os negros só são felizes quando mantidos juntos. Os que são levados a romper com esse padrão e vão embora dos guetos americanos não apenas realizam um afastamento social e físico como também mergulham numa guerra psicológica cruel. É de todo inevitável que as humilhações sofridas no passado acabem se associando não apenas aos opressores de sempre, mas também aos seus irmãos de cor.

Assim, o encontro com um conterrâneo nem sempre é uma fonte de alegria, e pode com facilidade tornar-se uma fonte de constrangimento ou raiva. O negro americano em Paris é forçado a terminar exercendo uma discriminação antidemocrática rara-

---

* Lei federal que concedia aos ex-combatentes da Segunda Guerra Mundial uma série de benefícios, entre eles bolsas de estudos. (N. T.)

mente praticada pelos americanos: a de julgar seus compatriotas, um por um, fazendo distinções entre eles. Por buscar um isolamento proposital, por fazer parte de um grupo pouco numeroso e, acima de tudo, por sentir uma necessidade esmagadora de — digamos — ser esquecido, o negro americano em Paris é praticamente o homem invisível.

A desconfiança com que ele encara seus irmãos de cor é uma extensão natural da desconfiança com que encara todos os seus compatriotas. No começo, sem dúvida, ele nutre expectativas um tanto exageradas em relação aos franceses. Seus compatriotas brancos, de modo geral, não dão razão a seus temores, em parte porque o clima social não estimula demonstrações explícitas de preconceito racial, em parte por eles terem consciência de que estão na posição de embaixadores, e creio que também porque até mesmo os brancos se sentem aliviados por não se sentirem mais obrigados a pensar em termos de cor. Mesmo assim, os encontros entre americanos brancos e negros correm o sério risco de culminar em situações constrangedoras ou desagradáveis.

O americano branco enxerga seu irmão mais escuro através de um filtro deformante criado por toda uma vida de condicionamento. Está acostumado a vê-lo ou como um mártir carente e louvável ou como a alma do ritmo, porém sente-se um tanto intimidado ao encontrar esse estranho tão longe de sua terra. De início, tende instintivamente, por mais que sua inteligência proteste depois, a julgar que sua honra e sua boa vontade estão em jogo; ao mesmo tempo, com aquela generosidade encantadora, simpática e tensa, que caracteriza os americanos, ele gostaria de estabelecer comunicação, bem como uma relação de empatia, com seu compatriota. "E como é que *você* vê isso?", ele gostaria de perguntar a respeito de qualquer coisa — os russos, Betty Grable, a Place de la Concorde. O problema aqui é que "isso", seja lá o que for, proposto de modo tão incerto, pode de repente assumir toda uma carga de tensão, criando no ar entre os dois recém-conhecidos uma atmosfera intolerável de perigo.

O negro, por outro lado, por efeito do mesmo condicionamento que tolhe as tentativas de aproximação dos brancos, já é escolado: adivinha o que a língua vai dizer tão logo a boca se abre. Além disso, já teve tempo, muito antes de vir a Paris, para constatar o quanto é inútil, e pessoalmente desvantajoso, criticar um de seus compatriotas por sua situação nos Estados Unidos, ou tentar transmitir-lhes algo da sua experiência. Assim, os americanos negros e brancos nunca falam sobre o passado, senão de modo muito fragmentário e controlado. Ambos estão perfeitamente dispostos, e nisso demonstram um bom senso admirável, a comentar apenas o quanto é exagerada a reputação de imponência da Torre Eiffel.

A Torre Eiffel, é claro, há muito tempo deixou de interessar os franceses, para quem todos os negros chegam da América munidos de trompetes e pés cheios de ritmo, e portando feridas tão indizivelmente dolorosas que nem mesmo todas as glórias da República Francesa bastariam para sará-las. Essa generosidade indignada cria outros problemas, os quais, sendo as diferenças linguísticas e culturais o que são, não são muito fáceis de contornar.

O europeu tende a evitar a confusão realmente monumental que poderia resultar de qualquer tentativa no sentido de entender o modo como os 48 estados norte-americanos se relacionam entre si, e em vez disso se atém às informações fornecidas pelo rádio, pela imprensa e pelo cinema, a casos considerados reveladores da vida americana, e ao mito que nós próprios perpetuamos. O resultado, nas conversas, é como uma imagem que reproduz o quintal da nossa casa com extrema fidelidade, mas de um ângulo tal que nos dá a impressão de mostrar um lugar que nunca vimos, que nunca existiu e que jamais poderia existir. O negro é obrigado a responder na afirmativa muitas perguntas difíceis, e ainda assim negar a conclusão para a qual suas respostas parecem apontar. Seu passado, ele percebe agora, não foi apenas uma série de enforcamentos, fogueiras e humilhações, mas algo muitíssimo mais complexo; assim, ao mesmo tempo que pensa, dolorosamente, "foi muito pior do que isso", ele sente também, de modo irracional, que foi algo muito melhor. Como seria inútil vituperar seus compatriotas, é irritante ser visto agora como uma vítima digna de piedade e aceitar essa compaixão imediata, a qual é limitada apenas pela incapacidade de aceitá-lo como americano. O negro se vê envolvido, em outra língua, na mesma luta de sempre: a luta por sua própria identidade. Aceitar a realidade de que é americano torna-se uma questão que mexe com sua integridade e suas maiores esperanças, pois é só aceitando essa realidade que ele pode ter esperança de comunicar a si próprio ou a outros a singularidade de sua experiência, e de libertar seu espírito há tanto tempo anônimo e aprisionado.

A ambivalência de sua situação é ressaltada quando ele trava relações com os estudantes negros oriundos das colônias francesas que vivem em Paris. O africano francês vem de uma região e de um modo de vida que — pelo menos do ponto de vista de um americano — são extremamente primitivos, onde a exploração assume formas mais explícitas. Em Paris, a situação do negro africano, conspícua e sutilmente inconveniente, é a de colonizado; e ele leva aqui uma vida marcada pela precariedade discreta de quem foi há pouco tempo arrancado de suas raízes de modo abrupto. Seu ressentimento é diferente do que caracteriza o negro americano, na medida em que não cai com tanta facilidade no risco traiçoeiro de se voltar contra si próprio. Ele tem, não muito longe dali, uma pátria com a qual seu relacionamento, tanto quanto sua responsabilidade, é de uma clareza gritante: é urgente que seja concedida a liberdade a seu país — ou que ele a conquiste à força. Essa amarga ambição é compartilhada pelos outros colonizados, com os quais ele tem um idioma em comum, e cuja companhia não tem nenhuma vontade de evitar; sem o apoio deles, na verdade, ele estaria quase completamente perdido em Paris. Os negros africanos vivem em grupos, nos mesmos bairros, em hotéis para estudantes, em condições que, para um americano, parecem quase insuportáveis.

No entanto, o que o americano está vendo não é apenas a pobreza do estudante, mas a enorme diferença entre o padrão de vida europeu e o americano. No Quartier Latin, *todos* os estudantes vivem em hotéis velhíssimos, de aparência sinistra; todos são obrigados a escolher constantemente entre comprar cigarros e comer queijo na hora do almoço.

Sem dúvida, a pobreza e a raiva com que o negro americano se defronta devem ser vistas em relação à Europa e não aos Estados Unidos. Mesmo assim, quando por um momento ele sente vontade de estar de volta a seu país, onde pelo menos o terreno lhe é familiar, começam a soar dentro dele, como a pulsação desprezada de um tam-tam primitivo, os ecos de um passado que ele ainda não conseguiu aproveitar, a cobrança de uma responsabilidade que ele ainda não conseguiu enfrentar. Ele começa a pesar o quanto ganhou e perdeu durante sua longa existência na República norte-americana. O africano diante de seus olhos suportou privações, injustiças, crueldades medievais; mas este africano ainda não teve de enfrentar a total alienação em relação a seu povo e seu passado. Sua mãe não cantava "*Sometimes I feel like a motherless child*",* e ele jamais sentiu, em toda a sua existência, o anseio de ser aceito numa cultura na qual o cabelo liso e a pele branca são requisitos da única forma aceitável de beleza.

---

* Verso inicial de um famoso *negro spiritual*, cujo sentido literal é: "Às vezes me sinto como uma criança sem mãe". (N. T.)

Eles se defrontam, o negro americano e o africano, em lados opostos de um abismo de trezentos anos — uma alienação grande demais para ser resolvida numa noitada marcada pela boa vontade, pesada e ambígua demais para ser expressa em palavras. Essa alienação leva o negro americano a reconhecer que é um híbrido. Não apenas no sentido físico, pois em todos os aspectos de sua vida ele evoca a lembrança do mercado de escravos e o impacto do final feliz. Nos americanos brancos ele vê o reflexo — expresso, por assim dizer, num tom mais agudo — de suas próprias tensões, seus terrores, sua ternura. Vagamente e pela primeira vez, ele começa a compreender a natureza dos papéis que um vem desempenhando na vida e na história do outro. Agora o negro compartilha a carne e o osso dos brancos; amaram-se e odiaram-se; um manifestou medo e obsessão em relação ao outro; seu sangue está na terra deles. Assim, ele não pode negá-los, e os dois não podem se dissociar.

O negro americano não consegue explicar ao africano o que certamente parece ser falta de virilidade e de orgulho racial, uma capacidade de perdoar que chega a ser piegas. É difícil explicar-lhes que ele não quer abrir mão de seu direito inato decorrente da sua condição de negro, mas que, pelo contrário, é precisamente esse direito que ele está lutando para reconhecer e exprimir. Talvez agora lhe ocorra que essa necessidade de se afirmar em relação ao seu passado é o que ele tem de mais americano, que essa alienação profunda em relação a si próprio e seu povo é a súmula da experiência americana.

No entanto, algum dia ele terá de voltar a enfrentar seu país; e, se for realista, não nutre nenhuma esperança de encontrar mudanças radicais. Nos Estados Unidos, sem dúvida, as aparências estão sempre mudando, e cada geração recebe, com um entusiasmo efêmero, acréscimos cada vez mais deslumbrantes à nossa fachada tão famosa. Mas o gueto, a ansiedade, o ressentimento e a culpa continuam a gerar um indescritível complexo de tensões. O que o tempo há de conceder aos americanos, por fim, é a sua própria identidade. É nessa viagem perigosa, no mesmo barco que os outros, que o negro americano fará as pazes consigo próprio e com os milhares de semelhantes que, emudecidos, vieram e se foram antes dele.

Uma questão de identidade

A comunidade formada pelos estudantes americanos em Paris é um fenômeno social tão amorfo que ao mesmo tempo exige e desafia generalizações. Não se trata, em absoluto, do problema de não se encontrar o que dizer — encontra-se até demais, e tudo que se encontra é contraditório. O que se quer saber no fundo é o que *eles* vieram encontrar aqui: e para essa pergunta há — no mínimo — tantas respostas quantos são os rostos em torno das mesas dos cafés.

O denominador comum pressuposto — a experiência militar desses estudantes — não esclarece a questão tanto quanto se imagina. Para início de conversa, basta uma breve reflexão para constatar a impossibilidade de afirmar a existência de uma experiência *comum*. No momento em que se imagina tal coisa, fica claro que ela não pode existir. O fato de a experiência em questão ser um assunto privado, difícil de exprimir em palavras, talvez seja a principal verdade da qual a comunidade em pauta é testemunha — embora a expressão agressivamente inescrutável estampada em seu rosto coletivo aponte para a possibilidade real, e mais perturbadora, de que essa experiência não tenha significado algum. Deixando de lado tal hipótese inquietante, é certamente verdade que, a despeito do bem ou do mal que essa experiência tiver feito a eles, e qualquer que tenha sido, seja ou venha a ser seu efeito, trata-se de uma questão para a qual até agora ninguém deu uma resposta convincente e incontestável. Além disso, experiência militar não significa necessariamente experiência de combate, de modo que o denominador comum da comunidade de estudantes se reduz a nada mais do que o fato de que todos os seus membros passaram algum tempo uniformizados. Esse é o denominador comum de toda a geração, a maior parte da qual não está em Paris, nem mesmo na Europa. Assim, de saída não se pode concluir que o fato de ter se submetido ao anonimato necessário imposto pela farda, ou de ter sido exposto ao choque de uma batalha, seja o suficiente para ocasionar esse êxodo. O melhor que se pode fazer no sentido de traçar uma generalização a respeito de identidades tão díspares é simplesmente aceitar, sem comentários, o fato dessa experiência militar comum, sem questionar seu grau de intensidade; e, além disso, supor que eles formem, em virtude de sua presença aqui, uma minoria um tanto inesperada. Ao contrário da maioria dos seus companheiros, que se contentaram em voltar para casa, esses optaram por ficar no Velho Mundo, num cenário e entre pessoas inimaginavelmente diferentes de tudo que eles conheciam. Estão dispostos, ao que parece, ao menos por um tempo, a suportar os péssimos encanamentos parisienses, os banhos públicos, a velhice e a sujeira de Paris — com um objetivo, misterioso e não de todo exprimível em palavras, que se resume, de modo arbitrário, no verbo "estudar".

Arbitrário porque, por mais que o ex-combatente se dedique aos estudos, é muito difícil acreditar que foi apenas por esse motivo que ele veio para tão longe da sua terra. Na maioria dos casos, ele não está estudando nada que não pudesse estudar no seu país, com muito mais conforto. (Referimo-nos, por ora, apenas àquelas pessoas que estão estudando mais ou menos a sério, e não aos estudantes de araque, sobre os quais falaremos mais adiante.) Assim, por exemplo, os que estudam pintura, o que parece, à primeira vista, ser o melhor campo de estudo para se explorar aqui, não são, no final das contas, alunos de Picasso nem de Matisse, e sim de professores do mesmo calibre que os que eles teriam encontrado nos Estados Unidos. São tratados por esses professores com a mesma arrogância, e aceitam suas máximas com o mesmo pé-atrás americano. Também não se pode dizer que eles produzam telas mais interessantes do que as que vemos na Washington Square, ou nos apartamentos sem água quente do Lower East Side nova-iorquino. *Au contraire*, não deixam de ter razão os que afirmam que o East Side leva uma certa vantagem em relação a Montparnasse, apesar da merecidamente famosa luminosidade parisiense. Se tomarmos, para fins de argumentação, o pintor aprendiz como o que mais se aproxima do estudante "típico", constatamos que a motivação que o trouxe a Paris não está de modo algum clara. Somos levados a supor que foi apenas a lenda de Paris, muitas vezes em sua forma mais vulgar e superficial. Sem dúvida, não foi o amor à tradição francesa, seja lá qual for sua concepção pessoal dessa tradição; de qualquer modo, por ele próprio não ter nenhuma tradição, não está nas melhores condições para se defrontar com as tradições de qualquer outro povo. Também não foi o amor à língua francesa, da qual ele só aprende o mínimo necessário para atender às suas necessidades básicas; tampouco foi o amor à história da França, que ele conhece menos ainda que a de seu próprio país. Não foi o amor aos monumentos, às catedrais, aos palácios, aos santuários, para os quais, mais uma vez, nada na sua experiência anterior o preparou, e que ele encara, quando não com total indiferença, apenas com a perplexidade apressada do turista. Não foi nem mesmo uma admiração ou simpatia específica pelos franceses, ou que fosse capaz de resistir à tensão de contatos concretos. Talvez, em seu país, ele tenha admirado o cinema francês, e nesse caso, diante da França real, tende a se sentir um pouco logrado. Aquelas imagens criadas por Marcel Carné, por exemplo, se revelam traiçoeiras precisamente por serem tão exatas. O sórdido quarto de hotel francês, representado em detalhes e de modo tão admirável pela câmera, que, no que tem de pitoresco e distante, evoca um romantismo tão belo, sofre uma mudança radical, torna-se um quarto que de romântico não tem nada, quando quem mora nele é o próprio cinéfilo, e não Jean Gabin. Trata-se apenas da diferença entre o que se deseja e o que a realidade impõe — uma diferença sobre a qual diremos apenas que o estudante, tendo sido atraído para cá por uma motivação tão romântica e incoerente, na verdade veio para uma cidade que só existe na cabeça dele. Ele se acolchoa, ao que parece, para se proteger do choque da realidade, recusando-se por muito tempo a admitir a Paris real e apegando-se à sua imagem. É por isso, talvez, que por tanto tempo Paris não consegue deixar nenhuma marca nele; e é também talvez por isso que, quando a tensão entre o real e o imaginado se torna insuportável, muitas pessoas sofrem uma espécie de crise, ou então pegam o primeiro navio e voltam para os Estados Unidos.

Pois Paris, reza a lenda, é a cidade onde todo mundo perde a cabeça e a decência, vive pelo menos uma *histoire d'amour*, quase nunca chega a lugar nenhum na hora certa e debocha dos puritanos — a cidade, em suma, onde todos se embriagam com aquele admirável ar de liberdade. Essa lenda, como toda lenda, tem um bom fundo de verdade, de modo que não é difícil entender de onde ela saiu. Tem a limitação de todas as lendas: é literalmente inabitável, pois se refere ao passado. Assim, talvez não surpreenda o fato de que a lenda não tem quase nada a ver com a vida da Paris real, ou seja, com as vidas dos nativos, a quem pertence a cidade, tanto quanto a lenda. O encanto dessa lenda é capaz de resistir aos excessos mais improváveis da burocracia francesa, aos caprichos mais estranhos da *concierge*, aos aluguéis fantásticos que se pagam por apartamentos desconfortáveis, ao desconforto em si, e até mesmo à confusão e ao desespero intensos que se refletem na política francesa — e nos rostos franceses. Mais ainda, a lenda tem o efeito de derramar sobre todos os inconvenientes suportados pelos estrangeiros, para não falar nos tormentos a que são condenados muitos dos nativos, a luz suave do pitoresco, e do absurdo; assim, acaba sendo perfeitamente possível apaixonar-se por Paris permanecendo-se de todo indiferente, ou mesmo sentindo hostilidade, em relação aos franceses. E o que torna isso possível é a pessoa em Paris menos afetada pela lenda, que nada tem a ver com ela: o próprio parisiense. Ele, munido de sua impenetrável *politesse*, e também de outras técnicas muitíssimo mais diretas, trata o viajante com uma frieza inconfundível. Pobre do viajante, aliás raro, que anseia por conhecer a vida das pessoas: as pessoas não o querem em suas vidas. Além disso, o parisiense não manifesta o menor interesse pessoal, a menor curiosidade, a respeito da vida ou dos costumes de qualquer estrangeiro. Contanto que ele se mantenha dentro da lei, algo que, no final das contas, a maioria das pessoas dá um jeito de fazer, o estrangeiro pode até plantar bananeiras sem que o parisiense lhe dê a menor atenção. É essa indiferença arrogante da parte do parisiense, com seus efeitos imprevisíveis sobre o viajante, que torna tão esplêndido o ar de Paris, para não falar no efeito estimulante que ela tem sobre o cenário parisiense.

 O estudante americano vive aqui, portanto, numa espécie de limbo. Ele tem o direito, que aceita cheio de gratidão, de ser irresponsável; ao mesmo tempo, sua condição de americano lhe confere um poder, a despeito de sua vontade e de ele optar por confirmá-lo ou por negá-lo. Embora os estudantes de qualquer nação em Paris tenham o direito de ser irresponsáveis, ao que parece ninguém sente uma necessidade mais desesperada desse direito do que os americanos, e ninguém, é claro, está cercado por uma aura de poder como a deles, o que tem o efeito de gerar em todos uma ansiedade, um deslumbramento e um ressentimento perceptíveis. Este é o inconveniente, para o americano, da liberdade de Paris: aqui ele se torna uma espécie de espectro para a Europa, cujo futuro talvez esteja em suas mãos. Os problemas decorrentes da distinção que lhe é imposta talvez não implicassem, para uma sensibilidade menos radicalmente solitária, um dilema tão doloroso: mas o americano quer que gostem dele *como pessoa*, uma distinção implícita que faz todo o sentido para ele, e que não faz sentido algum para o europeu. O americano não quer ser confundido com o Plano Marshall, Hollywood, o dólar, a televisão ou o senador McCarthy. Já o europeu, com uma inocência exasperante, presume que o americano não pode, é claro, ser dissociado dos fenômenos tão diversos que compõem o seu país, e que ele pode e está disposto a esclarecer o enigma americano. Se nem mesmo o americano é capaz de fazer isso — é o que seu ar de desespero parece perguntar —, quem, então, poderá? Esse momento, que com uma astúcia instintiva se consegue adiar pelo maior tempo possível, acaba chegando, porém, e tem o efeito de pontuar essa lua de mel com Paris. É o momento, pode-se dizer, em que o americano sai da Paris lendária e dá por si na difícil e concreta Paris do presente. Nesse momento Paris deixa de ser uma cidade dedicada a *la vie bohème* e se transforma numa das cidades da Europa. A essa altura, pode-se também dizer, a lenda de Paris já exerceu seu efeito letal, talvez o de deixar o viajante tão atordoado pela liberdade que ele começa a ansiar pela prisão de sua própria terra — que passa a ser o lugar onde não se fazem perguntas.

É nesse ponto, precisamente, que muitos e muitos estudantes fazem as malas e voltam para seu país. A transformação — que pode ser efetuada em menos de um ano — na atitude e nas aspirações dos jovens que se divorciaram do primarismo de uma cidadezinha americana para se casar com a sofisticação europeia é, no mínimo, surpreendente. Tendo chegado ao fim seu breve período de encantamento, ele anseia por reencontrar sua terra natal — cujas qualidades, ainda que permaneçam primárias, também se transformaram de repente em *simplicidade* e *vitalidade*. Com ar de um homem que por um triz escapou de cair de ponta-cabeça num abismo sem fundo, ele afirma que mal pode esperar a hora de ir embora desta cidade, que a maturidade o faz ver como velha, suja, caindo aos pedaços e morta. As pessoas que, quando seu navio atracou em Le Havre, eram os herdeiros da cultura mais rica do mundo, dotados de um *esprit* inigualado, são na verdade decadentes, pobres, egoístas e falsas, sem um pingo da espontaneidade americana, e sem a menor gratidão pelas benesses concedidas pelos americanos. É só a América que está viva, só os americanos estão fazendo alguma coisa de interessante nas artes e em qualquer outro campo da atividade humana: é só aos Estados Unidos que o futuro pertence. Se até ontem confessar apego a qualquer coisa americana era visto como um indefensável impulso patrioteiro, agora observar que a Europa não é de todo má é expor-se à acusação de traição. A violência desse súbito amor às coisas americanas é constrangedora, não só porque não estamos preparados para seguir esse seu exemplo admirável, mas também porque não há como não suspeitar que a atual aceitação de seu país é tão romântica e irrealista quanto sua rejeição anterior. É tão fácil, no final das contas, e tão sem sentido abraçar de modo acrítico a esterilidade cultural das cidadezinhas americanas quanto é condená-la. Nenhum dos extremos se pergunta se a vida nas cidadezinhas é de fato estéril; na verdade, ambos evitam qualquer questionamento — o que é a grande vantagem das posições extremas — a respeito da vida nas cidadezinhas. O que mais faz falta nessa cacofonia de afirmações é a nota, por mais débil que seja, da maturidade individual. É de todo impossível assumir uma posição assertiva sobre qualquer coisa a respeito da qual todo e qualquer questionamento é evitado; fica-se condenado a não conseguir se pronunciar sobre qualquer coisa de que não se tenha apropriado por um ato de imaginação. Esse estudante subitamente tão assertivo está apenas adotando um estilo diferente para sua inocência, e nada indica que ele esteja mesmo preparado, como ele tanto insiste, para abraçar suas Responsabilidades — dita por ele, a palavra em si, tendo-se em vista sua monumental aversão à experiência, parece reduzir-se às dimensões de uma nova frivolidade, um tanto sinistra.

O estudante que decidiu voltar para sua terra optou apenas, na verdade, por fugir correndo pela estrada mais larga. Dos que permanecem aqui, a maioria escolheu estradas mais desonestas, e muitíssimo mais bem escondidas — tão bem escondidas que eles estão perdidos nelas.

É muito frequente encontrarmos nessa categoria um estudante cuja adaptação à vida francesa parece ter sido perfeita, e cujos estudos — da arte, ou do teatro, ou do idioma, ou da história da França — lhe concedem o pleno direito de estar aqui. Esse estudante abandonou para sempre a goma de mascar, a camiseta, o cabelo raspado à escovinha: é só com dificuldade que se pode convencê-lo a ir ver um filme americano; e é tão patente que ele está *mesmo* estudando que sua presença à mesa de um café jamais é tomada como sinal de frivolidade, e sim como prova de sua admirável paixão pelo estudo dos costumes do país. Conclui-se que ele deve estar vivendo tal como vivem os franceses — uma suposição que, no entanto, é de imediato contestada pela suspeita de que nenhum americano conseguiria viver como os franceses, mesmo se fosse possível encontrar um americano que desejasse tal coisa. Seja como for, esse estudante mora com uma família francesa, com a qual ele conversa em francês e faz suas refeições; e ele sabe, como alguns estudantes não sabem, que na Place de la Bastille não existe mais nenhuma prisão. Ele leu, ou está lendo, as obras completas de Racine, Proust, Gide, Sartre e autores mais obscuros — no original, é claro. Ele frequenta com regularidade os museus, e considera Arletty a mulher mais bonita e a melhor atriz do mundo. Mas o mundo para ele, ao que parece, é apenas o mundo francês: ele não se dispõe a reconhecer a existência de nenhum outro. Isso limita de tal modo o estilo americano de conversação que esse estudante nos inspira admiração e um pouco de vergonha — afinal, ele está mesmo extraindo de sua experiência europeia, do modo mais espetacular, tudo o que ela tem para dar. Ele sem dúvida fez contato com os franceses e não está perdendo tempo em Paris conversando com pessoas que ele poderia muito bem conhecer nos Estados Unidos. Seus amigos são franceses, na sala de aula, no bistrô, na avenida e, é claro, em casa — mas às vezes ficamos a nos perguntar sobre o que, afinal, eles conseguem conversar. Essa dúvida aumenta bastante quando, nas raras conversas que ele se digna a ter em inglês, fica claro que, fora alguns detalhes pitorescos, ele não parece saber mais sobre a vida em Paris do que todo mundo sabe nos Estados Unidos. Seus amigos, ao que parece, saltaram ilesos do século xix para o século xx, sem acusar o menor impacto de todos os reveses sofridos pelo seu país. São, portanto, pessoas notáveis, mas é impossível descobrir qualquer outra informação sobre elas — porque, ao que parece, as conversas com elas se limitam a comentários sobre o vinho francês, gracejos sobre *l'amour*, a história da França e as glórias de Paris. Os limites de suas mentes são tão estreitos quanto seu conceito desconcertante de amizade, que não parece incluir nada semelhante à comunicação, que dirá à intimidade. Em suma, como as relações entre esse aluno perfeitamente adaptado e as pessoas que ele se esforçou tanto para adorar se fundamentam tão só em sua relutância em lhes conceder qualquer das características humanas com as quais seus compatriotas o atribulavam tanto em seu país, e como seu conhecimento da história da França não passa de um amontoado de clichês acadêmicos, sem nenhum envolvimento da sua imaginação, sua suposta imersão na vida francesa acaba se revelando artificialismo puro, se não presunção. O mais curioso a respeito da paixão com que ele abraça a Europa é que ela não é, ao que parece, nada mais nada menos do que um meio de salvaguardar sua simplicidade americana. Ele se colocou numa espécie de cofre de costumes culturais, e recusa-se a ver em Paris qualquer coisa que não possa ser vista através de uma névoa dourada. Desse modo ele se protege da realidade, da experiência, da mudança, e consegue impedir que se corrompam os valores que é melhor não examinar. Até mesmo seus numerosos amigos franceses o ajudam a fazer isso, pois é impossível, no final das contas, ser amigo de uma multidão: esses amigos não passam de uma nuvem de rostos, testemunhas de uma paixão romântica.

Entre esses dois extremos — o estudante que abraça a América e o que abraça a Europa, duas formas de abraço, como tentamos demonstrar, que curiosamente não envolvem nenhum contato, muito menos amor —, há uma infinidade de casos intermediários, que não seria possível analisar aqui. O americano na Europa a toda hora se defronta com a questão de sua identidade, que pode ser tomada como a chave de todas as contradições com que nos deparamos quando tentamos examiná-lo. Sem dúvida, esse é o único denominador comum de toda a comunidade de estudantes — é a única coisa que eles de fato compartilham, e as distinções que podemos traçar entre eles se baseiam nos modos como conseguem ou não lidar com a confusão que vivenciam. Essa questão prodigiosa, tão pouco reconhecida nos Estados Unidos, parece, como um germe, florescer no ar europeu, crescendo de modo desproporcional, dissolvendo antigas certezas e gerando tensões e confusões de todo inesperadas. Além disso, não se trata de uma questão que se apresente apenas para os que atuam, digamos, na esfera das ideias. Ela se apresenta para todos, e todos estão despreparados para enfrentá-la; não é fácil fugir de suas implicações, e as tentativas de fuga podem terminar em catástrofe. Nosso estudante perfeitamente adaptado, por exemplo, se sua armadura de costumes se quebrar, pode se ver lançado no círculo de estudantes de araque, um componente tão espetacular da cena de Paris que chega a constituir a imagem que se forma na mente do parisiense quando ele murmura, com espanto: *C'est vraiment les Américains*. A grande maioria dos membros desse grupo, tendo tentado, em níveis mais ou menos pessoais, perder ou disfarçar suas origens, acabam sendo reduzidos a uma espécie de entulho de compulsões. Como se livraram de todas as disciplinas anteriores, perderam a forma que essas disciplinas lhes impunham, e não conseguiram encontrar nenhuma outra forma. Tampouco por terem rejeitado as limitações da sociedade americana se tornaram livres para atuar em qualquer outra sociedade, e assim suas ilusões permanecem intactas: eles ainda não foram corrompidos pela ideia de que a sociedade jamais é nada menos do que um perfeito labirinto de limitações. Fascina-os a consciência de que Paris tem mais de 2 mil anos de existência, mas não percebem que o parisiense também está há 2 mil anos se formando, e que, portanto, ninguém vira parisiense apenas por morar em Paris. Esse pequeno grupo de boêmios, unidos por uma ideia fixa tão implacável quanto a fé de qualquer seita evangélica, exemplifica, pela ferocidade com que nega as atitudes americanas, um dos atributos americanos mais típicos: a incapacidade de acreditar na realidade do tempo. É essa incapacidade que os leva a adotar uma visão tão romântica da natureza da sociedade, e é essa incapacidade que os faz ter uma percepção tão absolutamente confusa da natureza da experiência. A sociedade, para eles, é uma estrutura frágil e desprezível, criada pelas outras pessoas e criada só para elas, e experiência nada mais é do que sensação — acumulando-se um certo número de sensações, somadas como numa operação aritmética, tem-se uma existência rica e completa. Desse modo, eles perdem o que se dispunham de modo tão corajoso a encontrar: suas próprias personalidades, as quais, desnutridas, em pouco tempo deixam de existir, na prática; e assim terminam assumindo uma perigosa atitude de desrespeito pelas personalidades alheias. Embora persistam na crença de que a ausência de forma de suas vidas constitui liberdade, fica patente que essa liberdade é incapaz de suportar o silêncio ou a privacidade, e para se exprimir de modo pleno é necessário passar o tempo todo a zanzar de um café a outro, sem criar raízes. Saint-Germain des Prés, o coração da colônia americana, não apenas não conseguiu absorver o estudante americano como terminou por se transformar, nas noites de primavera, verão e outono, numa réplica quase perfeita da Times Square.

Mas se a comunidade de estudantes americanos se reduzisse a isso, não teríamos sequer ânimo de falar sobre ela. Se o americano não encontrasse na Europa nada além de confusão, sem dúvida seria muitíssimo mais acertado para ele permanecer em sua terra. No entanto, oculta no meio da confusão que ele encontra aqui, está o que ele vinha procurando às cegas: as bases em que se fundamentam sua relação com seu país e com o mundo. Pode parecer que se está falando de algo grandioso e geral, mas na verdade se trata do que há de mais pessoal — a confusão americana parece ter sua origem no pressuposto quase inconsciente de que é possível considerar a pessoa isolada de todas as forças que a produziram. Esse pressuposto, porém, baseia-se por sua vez em nada menos do que a nossa história, que é a história do processo de alienar povos inteiros, radical e intencionalmente, de seus antepassados. O que está bem claro, creio, para todos, menos para nós, americanos, é que essa história criou um povo sem nenhum precedente, com um passado único e individual. É, de fato, esse passado que nos impõe o papel, tão perturbador, que desempenhamos agora. É o passado vivido no continente americano, em oposição àquele outro passado, irrecuperável agora na Europa, que tem de nos manter no presente. A verdade sobre esse passado não é que ele seja muito breve, ou muito superficial, e sim apenas o fato de que nós, tendo dado as costas a ele de modo tão categórico, jamais lhe pedimos o que ele tem para nos dar. É essa exigência que o estudante americano em Paris é obrigado, por fim, a fazer, pois sem isso ele não tem nenhuma outra identidade, nenhuma razão para estar aqui, nada que o mantenha aqui. É a partir da Europa que ele descobre seu próprio país. E essa descoberta não apenas põe fim à alienação do americano de si próprio como também deixa claro para ele, pela primeira vez, o grau de seu envolvimento com a vida da Europa.

Igualdade em Paris

No dia 19 de dezembro de 1949, quando estava morando em Paris fazia pouco mais de um ano, fui preso como receptador de mercadorias roubadas e passei oito dias na cadeia. Minha prisão ocorreu por conta de um turista americano com quem eu tivera contato duas vezes em Nova York; deram a ele meu nome e endereço, e lhe disseram para me procurar. Na época, eu morava no último andar de um hotel ridiculamente sinistro na Rue du Bac, um daqueles estabelecimentos enormes, escuros, frios e hediondos que abundam em Paris, e que parecem exalar, em seus corredores abafados, úmidos e gelados, em meio à iluminação fraca, camareiras atarefadas e escadas rangedoras, um cheiro de refinamento extinto há muito, muito tempo. O hotel era administrado por um francês velhíssimo que trajava um elegante terno preto que o tempo havia esverdeado, um homem que não seria correto descrever como desnorteado nem sequer em estado de choque, pois na verdade ele havia parado de respirar por volta de 1910. Ficava instalado à sua mesa no saguão, onde a iluminação era inusitada e a mobília era fantástica, dia após dia, cumprimentando cada um de seus hóspedes paupérrimos e *louches* [suspeitos] com uma grave inclinação da cabeça que sem dúvida lhe haviam ensinado, num tempo inimaginavelmente remoto, como sendo a maneira correta de um *propriétaire* cumprimentar seus hóspedes. Não fosse por sua filha, uma *tricoteuse* [tricoteira] de uma objetividade absoluta — quando ela inclinava a cabeça, era um gesto tão arrepiante e abrupto quanto uma machadada —, o hotel já teria falido muito antes. Dizia-se que o velho não transpunha a porta do hotel fazia trinta anos, o que não era nem um pouco difícil de acreditar. Ele dava a impressão de que não sobreviveria se fosse exposto à luz do sol.

Eu, é claro, não passava muito tempo nesse palacete. Assim que comecei a morar em hotéis franceses, entendi a necessidade de haver cafés na França. Com isso, tornei-me uma pessoa difícil de encontrar, pois tão logo me levantava de manhã eu partia, esperançoso, munido de caderno e caneta-tinteiro, para o andar de cima do Flore, onde eu consumia uma grande quantidade de café e, à medida que a noite se aproximava, uma grande quantidade de álcool, mas não conseguia escrever muita coisa. Uma noite, porém, em um dos cafés de Saint-Germain des Prés, fui descoberto pelo tal nova-iorquino, e só porque nos encontramos em Paris na mesma hora criamos a ilusão de que éramos amicíssimos nos nossos queridos Estados Unidos. Essa ilusão era muito frágil para dar sustento a uma noitada num café, mas àquela altura era tarde demais. Eu já havia me comprometido a conseguir um quarto para ele no meu hotel no dia seguinte, pois ele estava morando num daqueles ninhos de hotéis perto da Gare Saint-Lazare, onde, segundo ele, o *propriétaire* era um ladrão, sua esposa era uma ninfomaníaca reprimida, as camareiras eram "porcas" e o aluguel era um atentado. Os americanos vivem dizendo coisas assim sobre os franceses, e por isso não me ocorreu que ele estivesse falando sério, nem que ele estivesse decidido a se vingar pessoalmente da

República francesa. Também não me ocorreu que o que ele acabou fazendo poderia ter tido resultados tão terríveis, que não foram menos terríveis por serem também pura ópera cômica.

Foi o último de uma série de desastres talvez inevitáveis, já que eu havia chegado a Paris com pouco mais de quarenta dólares no bolso, nada no banco e nenhum conhecimento da língua francesa. Não demorou para que eu me desse conta de que também não compreendia em absoluto o caráter dos franceses. Eu via os franceses como um povo antigo, inteligente e culto, o que é verdade. Mas eu não sabia que um passado glorioso implica, pelo menos em meados do nosso século, um presente de cansaço e, provavelmente, paranoia; que a inteligência desempenha um papel limitado nos assuntos humanos; e que nenhum povo adquire uma cultura sem pagar um preço alto por isso. Esse preço, é claro, não tem como ser avaliado pelo povo em questão, porém se revela em suas personalidades e suas instituições. A própria palavra "instituições", a oeste do Atlântico, onde, julgava eu, sofríamos tanto pela ausência delas, tinha conotações agradáveis, de segurança, ordem e bom senso; era só ao entrar em contato com essas instituições que se entendia o quanto elas eram arcaicas, exasperantes, de todo impessoais e muitas vezes cruéis. Do mesmo modo, era necessário lidar com aquela personalidade que à distância parecia tão grande e livre para entender que, se ela era grande, era também inflexível e, para o estrangeiro, cheia de salas estranhas, empoeiradas, com pé-direito alto, onde não era possível viver. Em suma, era preciso entrar em contato com uma cultura alienígena para entender que uma cultura não era um mutirão, nem a consequência de uma força da natureza; que era algo por si só nem desejável nem indesejável, por ser inevitável, por não ser nada mais, nada menos, do que as marcas, patentes e visíveis, deixadas num povo pelas vicissitudes que ele fora obrigado a enfrentar. E os grandes homens desse povo são apenas outras tantas dessas vicissitudes, mesmo que, muito contra sua vontade, a breve batalha entre um povo e seus grandes homens tenha o efeito de enriquecê-lo.

Quando meu amigo americano saiu de seu hotel e se mudou para o meu, trouxe consigo, por pirraça, um lençol que pertencia ao estabelecimento, colocando-o em sua mala. Quando ele chegou ao meu hotel, peguei emprestado o lençol, porque os meus estavam imundos e a camareira não dava o menor sinal de que me traria roupa de cama limpa, e o pus na minha cama. Os lençóis que pertenciam ao *meu* hotel eu larguei no corredor, parabenizando-me por ter assim obrigado o Grand Hôtel du Bac a constatar o estado deplorável em que se encontrava sua roupa de cama. Depois disso, como nossos horários não combinavam — eu me levantava ao meio-dia, hora na qual, concluí ao encontrá-lo na escada um dia, ele estava voltando da noitada —, eu e meu novo amigo nos víamos muito pouco.

Na noite do dia 19, eu estava sentado no meu quarto, tendo pensamentos melancólicos sobre o Natal e olhando para as paredes. Creio que tinha vendido alguma coisa ou que alguém havia me enviado um presente de Natal, pois lembro que estava com algum dinheiro. Naquele tempo, em Paris, embora flutuasse, por assim dizer, num mar de conhecidos, eu não conhecia bem quase ninguém. Muitas pessoas foram eliminadas da minha órbita por terem mais dinheiro do que eu, o que me fazia ver a mim mesmo no papel humilhante de parasita; outras foram eliminadas por gostarem da pobreza, insistindo com veemência que aquela rotina de quartos de hotel vagabundos, comida ruim, *concierges* intimidadoras e contas não pagas era a Grande Aventura. Para mim, porém, quanto mais rápido viesse o fim daquela Grande Aventura, melhor; de fato, eu me perguntava o que viria antes, o fim da Grande Aventura ou o meu. Isso significava, no entanto, que eu passava muitas noites sentado no meu quarto, sabendo que não conseguiria trabalhar lá e sem saber o que fazer, nem a quem procurar. Naquela noite, desci e bati à porta do americano.

Havia dois franceses no quarto, que imediatamente se apresentaram como policiais; isso não me preocupou. Em Paris, eu já me acostumara a ver policiais surgindo nos momentos e nos lugares mais improváveis, pedindo às pessoas para lhes mostrar suas *cartes d'identité*. Esses policiais, no entanto, não estavam nem um pouco interessados nos meus documentos. Procuravam outra coisa. Eu não imaginava o que poderia ser, e como tinha certeza de que a tal coisa não estava comigo, não prestei atenção na conversa que mantinham com meu amigo. Entendi que estavam à procura de um gângster ou algo assim, e como eu não era gângster e sabia que o gangsterismo não era o estilo do meu amigo, até onde se podia dizer que ele tinha um estilo, para mim era certo que em breve os dois policiais fariam mesuras, diriam *Merci, messieurs* e iriam embora. Pois a essa altura, lembro-me muito bem, eu estava morrendo de vontade de beber alguma coisa e sair para jantar.

Foi só muitos dias depois que voltei a beber e sair para jantar, e quando isso se deu meu estômago indignado prontamente devolveu tudo. Pois naquele momento um dos policiais começou a exibir o maior interesse por mim e perguntou, de modo muito educado, se poderia ir a meu quarto. Fomos para lá, lembro-me, trocando amenidades da forma mais civilizada, e continuamos a conversar assim por alguns momentos depois que entramos naquele quarto em que certamente não havia nada para ser visto além da pobreza e da desordem de sempre que caracterizam o grupo precário de pessoas de todas as idades, raças, países, vocações e intenções que Paris identifica como *les étudiants* ou, por vezes, com mais ironia e precisão, *les non-conformistes*. Então ele foi até minha cama, e com uma intuição terrível, menos de um segundo antes que ele levantasse a colcha, me dei conta do que ele estava procurando. Olhamos para o lençol, no qual li, pela primeira vez, em letras do tom mais vivo de vermelho que já vi, o nome do hotel do qual ele fora roubado. Foi a primeira vez que a palavra "roubado" me passou pela cabeça. Eu sem dúvida tinha visto o monograma do hotel no dia em que estendi o lençol na cama. Aquilo não tinha a menor importância para mim. Em Nova York, eu já tinha visto monogramas de hotéis em todo tipo de coisa — talheres, sabonetes, toalhas. Levar coisas dos hotéis de Nova York era praticamente um costume, se bem que, dei-me conta de repente, eu nunca vira ninguém levar um *lençol*. Com tristeza, e sem me dirigir nenhuma palavra, o inspetor retirou o lençol da cama, dobrou-o, colocou-o debaixo do braço e seguimos em direção à escada. Entendi que eu estava preso.

E assim passamos pelo saguão, nós quatro, dois dos quais sem dúvida criminosos, sob os olhares do velho e da filha, que não disseram uma palavra, e saímos para a rua, onde caía uma chuva fina. Perguntei em francês: "Mas isso é muito sério?".

Porque eu estava pensando: afinal, é só um lençol, que nem mesmo é novo.

"Não", disse um deles. "Não é sério, não."

"Não é nada", disse o outro.

Entendi que seríamos repreendidos na delegacia, e depois poderíamos ir jantar. Mais tarde concluí que eles não estavam sendo hipócritas, nem mesmo tentando nos consolar. Eles queriam dizer exatamente o que diziam. Apenas falavam em outra língua.

Em Paris, tudo é muito devagar. Além disso, quando se lida com a burocracia, o homem com quem você está falando nunca é o homem com quem se precisa falar. O homem com quem se precisa falar acaba de viajar para a Bélgica, ou está ocupado com a família, ou acaba de ficar sabendo que é corno; ele virá na próxima terça-feira às três da tarde, ou em algum momento da tarde de hoje, ou talvez amanhã, ou, quem sabe, daqui a cinco minutos.

Mas se ele vier daqui a cinco minutos, vai estar ocupado demais para falar com você hoje. Assim, creio que não cheguei a ficar surpreso quando soube, na delegacia, que nada poderia ser feito a nosso respeito antes que O Homem chegasse, na manhã do dia seguinte. Mas não, nós não podíamos sair para jantar e voltar no dia seguinte. Claro que ele sabia que nós voltaríamos, sim — não era essa a questão. Porém não havia outra coisa a fazer: teríamos que passar a noite lá. Fomos colocados em uma cela que mais parecia um galinheiro. Já eram cerca de sete horas da noite; desisti de pensar em jantar e comecei a pensar no almoço.

Não dei muita trela à falação do meu amigo nova-iorquino, e assim fiquei sozinho com meus pensamentos. Eu estava começando a ficar com medo, e assim concentrei toda minha energia na tarefa de controlar o pânico. Comecei a me dar conta de que estava em um país sobre o qual eu nada sabia, nas mãos de uma gente que eu não compreendia em absoluto. Numa situação semelhante em Nova York, eu teria alguma ideia do que fazer, porque teria alguma ideia do que me esperava. Não me refiro à legalidade, em relação à qual eu, como a maioria das pessoas pobres, jamais confiara nem um pouco, mas ao temperamento das pessoas com quem era necessário lidar. Em Nova York, eu me tornara perito em adivinhar e, portanto, manipular até certo ponto, em benefício próprio, as reações do mundo dos brancos. Mas Paris não era Nova York. Nenhuma das minhas velhas armas me serviria ali. Eu não sabia o que eles viam quando olhavam para mim. Sabia muito bem o que os americanos viam quando olhavam para mim, e isso me permitia explorar variações infinitas e sinistras sobre o papel que me atribuíam; como eu sabia que para eles era da maior importância nunca terem de enfrentar o que, em suas próprias personalidades, tornava esse meu papel tão necessário e gratificante para eles, sabia também que eles nunca poderiam pagar para ver, nem sequer se dariam ao luxo de saber o que eu estava fazendo; assim, eu entrava em cada situação crucial com as vantagens mortais e um tanto desesperadas de uma percepção, dolorosamente adquirida, do orgulho e do desprezo. É terrível caminhar pelo mundo carregando essa espada e esse escudo, e a constatação de que, no jogo que estava jogando, eu me violentava num grau que o mundo, nos seus momentos de maior ferocidade, dificilmente atingiria, fora o que me fizera ir embora de Nova York. Era uma sensação estranha, naquela situação, depois de passar um ano em Paris, descobrir que minhas armas nunca mais me serviriam como antes.

Para mim, estava bem claro que os franceses com quem eu tinha que lidar não eram melhores nem piores do que seus colegas americanos. Sem dúvida, seus uniformes me assustavam tanto quanto os dos americanos, e sua impessoalidade, e a ameaça — que os pobres sempre sentem com muita intensidade — de violência, estavam tão presentes naquela delegacia quanto em qualquer delegacia nova-iorquina. E eu já tinha visto, por exemplo, o que os policiais de Paris eram capazes de fazer com os árabes que vendiam amendoim. A única diferença era que ali eu não entendia aquelas pessoas, não sabia a que técnicas sua crueldade recorria, não sabia o suficiente sobre suas personalidades para reconhecer a ameaça do perigo e afastá-lo, não sabia como enfrentá-lo. Naquela noite na delegacia, eu não era um negro desprezado. Eles se limitariam a rir de mim se eu me comportasse como tal. Para eles, eu era um americano. E era nisso que residia a vantagem deles, porque a palavra *Américain* lhes dava uma ideia, que não era de modo algum errônea, do que esperar de mim. Para não corroborar nenhuma das suas expectativas irônicas, não fiz nada nem disse nada — o que não seria a reação de um francês, branco ou negro. A questão que emergia do fundo da minha mente não era *o que* eu era, mas *quem*. E essa pergunta — uma vez que *o que* requer apenas habilidade, mas *quem* exige recursos — me fez entrever pela primeira vez o significado da humildade.

Na manhã seguinte ainda estava chovendo. Entre nove e dez horas, um Citroën preto nos levou até a Île de la Cité, ao prédio grande e cinzento da Préfecture. Dou-me conta, agora, de que as perguntas por mim dirigidas aos vários policiais que nos escoltavam eram sempre respondidas de forma a corroborar o que eu desejava ouvir. Isso, não por cortesia, mas apenas por indiferença — ou, talvez, uma piedade irônica —, já que todos os policiais sabiam muito bem que nada iria acelerar ou deter as engrenagens a que eu estava preso. Eles sabiam que eu não sabia disso, e sem dúvida não havia por que me dizer tal coisa. De uma forma ou de outra, eu certamente sairia do outro lado — pois eles também sabiam que ser encontrado com um lençol roubado não era um crime punível pela guilhotina. (Nisso eles também levavam vantagem em relação a mim, pois sem dúvida houve momentos mais adiante em que eu não tinha tanta certeza disso.) Se eu *não* saísse do outro lado — bem, aí o azar seria meu. Assim, quando lhes perguntei, quando estávamos no Citroën — "A coisa se resolve hoje?" —, a resposta que recebi foi "*Oui, bien sûr*". Não era mentira. Como ficou claro depois, o *procès-verbal* terminaria naquele dia. Tentando ser realista, descartei, no Citroën, qualquer possibilidade de almoço, e concentrei meus pensamentos no jantar.

Na Préfecture, fomos alojados primeiro em uma cela minúscula, na qual era quase impossível sentar-se ou deitar-se. Cerca de duas horas depois, fomos levados até um escritório onde, pela primeira vez, conheci o proprietário do lençol, e onde o *procès-verbal* teve lugar. Era apenas um interrogatório, de uma secura e uma eficiência assustadoras (de modo que em pouco tempo não se tem mais nenhuma dúvida de que ser tratado como criminoso é *merecido*), o qual foi registrado por um secretário. Quando terminou, o relatório nos foi entregue para que o assinássemos. Claro que não havia opção a não ser assiná-lo, muito embora meu domínio do francês escrito estivesse longe de ser digno de confiança. Estávamos sendo mantidos, de acordo com as leis francesas, incomunicáveis, e todas as minhas exigências indignadas no sentido de ser autorizado a falar com a minha embaixada ou consultar um advogado eram recebidas com um inflexível "*Oui, oui. Plus tard*". Findo o *procès-verbal*, fomos levados de volta para a cela, diante da qual, pouco depois, passou o dono do lençol. Ele disse que esperava que tivéssemos dormido bem, deu uma piscadela vingativa e desapareceu.

A essa altura, só havia uma certeza: não teríamos meios de controlar a sequência de eventos, nem de prevê-la. Como o que eu considerava o momento mais importante — o *procès-verbal* — já havia passado, e o homem do hotel havia recuperado seu lençol, concluí que seríamos libertados pela polícia em questão de horas. Estávamos detidos há quase 24 horas, e a única coisa de que eu tinha sido informado até então era que a principal acusação que pesava contra mim era a de *receleur* [receptador]. Meu deslocamento mental entre almoço e jantar, para não falar da ausência física desses dois prazeres, estava começando a me deixar tonto. A falação incessante de meu amigo nova-iorquino, que estava determinado a levantar meu moral, despertava em mim impulsos assassinos; eu rezava para que algum poder nos libertasse daquela prisão gelada antes que meus impulsos se transformassem em ato. E eu começava a me perguntar o que estaria acontecendo naquela bela cidade, Paris, do outro lado daqueles muros. Perguntava-me quanto tempo se passaria até que alguém perguntasse, curioso: "Mas cadê o Jimmy? Ele anda sumido" — e, conhecendo as pessoas que eu conhecia, me dei conta de que isso levaria alguns dias para acontecer.

Mais para o final da tarde, fomos levados de nossas celas, cada um algemado a um policial; fomos conduzidos por um labirinto de escadas e corredores até o último andar do edifício; nossas impressões digitais foram tiradas; fomos fotografados. Como nos filmes que eu tinha visto, fui colocado contra uma parede, de frente para uma câmera antiquada, atrás da qual havia um dos rostos mais absolutamente cruéis e indiferentes que eu jamais vira, enquanto alguém ao meu lado e, portanto, fora de meu campo de visão, com uma voz há muito tempo despida de todo e qualquer sentimento humano, até mesmo o mais elementar, lia o que poderíamos denominar de lista das minhas características públicas — as quais, naquele momento e naquele lugar, pareciam ser qualquer coisa, menos isso. Ele poderia estar proclamando para um mundo hostil segredos que eu mal tinha coragem, na calada da noite, de confessar a mim mesmo. Mas estava apenas relatando minha altura, minhas feições, meu peso aproximado, minha cor — aquela cor que, nos Estados Unidos, muitas vezes, por mais estranho que possa parecer, fora a minha salvação —, a cor do meu cabelo, minha idade, minha nacionalidade. Um flash então disparou, eu e o fotógrafo nos encaramos como se um desejasse a morte do outro, e pronto. Algemado de novo, fui levado até o térreo e alojado num grande galpão fechado em que havia sido reunido o rebotalho das ruas de Paris. Velhos velhíssimos, tão velhos e devastados que a vida que ainda havia neles parecia provar o milagre do poder reanimador do Espírito Santo — pois estava claro que suas vidas não eram mais um problema deles, não eram mais nem mesmo um fardo; eles eram simplesmente o barro que fora tocado outrora. E homens não tão velhos, com rostos cor de chumbo e a consistência da aveia, olhos que me faziam pensar em *café-au-lait* velho com gotas de arsênico, corpos que podiam receber comida e água — qualquer comida e água — e depois expeli-las, mas que não seriam capazes de fazer mais nada, com a possível exceção de cometer, à meia-noite, à margem do rio, em meio às ratazanas, atos de estupro. E jovens, mais duros e mais cruéis que as pedras de Paris, bem mais velhos do que eu, embora eu tivesse cinco ou sete anos mais do que eles. E norte-africanos, velhos e jovens, que pareciam as únicas pessoas vivas ali porque ainda tinham o dom de estarem perplexos. Mas não estavam perplexos por se verem naquele galpão: estavam perplexos só por não estarem mais no norte da África. Havia um buraco grande no centro desse galpão, que era a privada comum. Perto do buraco, embora fosse impossível ficar muito longe dele, um velho de cabelo branco comia um pedaço de camembert. Foi nesse ponto, provavelmente, que o pensamento, para mim, cessou, e que a fisiologia, por assim dizer, assumiu o controle. Constatei que não conseguiria dizer uma palavra, não por medo de chorar, mas por medo de vomitar. E eu não pensava mais na cidade de Paris, minha mente apenas retornou à minha terra, da qual eu tinha fugido. Eu estava certo de que nunca mais a veria. E devo ter sentido que minha fuga fora a peça mais cruel que eu já havia pregado em mim mesmo, pois me levara até ali, até um ponto mais baixo do que qualquer outro que eu poderia ter imaginado na minha vida — mais baixo, muito mais baixo do que qualquer coisa que eu tivesse visto naquele Harlem que eu tanto odiara e amara, o lugar do qual, mais do que qualquer outra coisa na minha vida, eu queria fugir. Depois de passarmos cerca de uma hora ali, veio um funcionário, que abriu a porta e chamou nossos nomes. E então tive *certeza* de que seria libertado. Mas fui algemado novamente e levado para a rua — lá fora estava escuro, e continuava chovendo —, e diante da escada da Préfecture havia uma enorme viatura da polícia, as portas viradas para mim, escancaradas. As algemas foram retiradas e entrei na viatura, cujo interior era estranho. Ela era dividida ao meio por um corredor estreito, e de cada lado do corredor havia uma série de portas estreitas. Cada porta dava para um cubículo estreito, no fundo do qual uma outra porta dava para outro cubículo estreito: três ou quatro cubículos, individuais, com uma porta que era trancada. Fui colocado em um deles; lembro que havia uma pequena grade logo acima da minha cabeça que deixava entrar um pouco de luz. A porta do meu cubículo foi trancada pelo lado de fora. Eu não imaginava aonde aquela viatura estava me levando; quando ela começou a andar, comecei a chorar. Creio que chorei até chegarmos à prisão, a prisão chamada Fresnes, a doze quilômetros de Paris.

Por motivos que não tenho como entender, os prisioneiros cujos sobrenomes começam com A, B ou C são sempre encaminhados para Fresnes; todos os outros vão para uma prisão cujo nome, um tanto cínico, a meu ver, é La Santé. Obviamente, nunca terei permissão para entrar em La Santé, mas pessoas que sem dúvida sabiam do que falavam me disseram que era infinitamente mais insuportável do que Fresnes. Esse fato desperta em mim, até hoje, uma verdadeira tempestade de curiosidade a respeito do lugar que na mesma hora passei a encarar como "a outra prisão". Meu companheiro de crime, cujo sobrenome começava com uma letra posterior a C, tinha sido mandado para lá, e confesso que assim que nos separamos senti sua falta. Senti sua falta porque ele não era francês e porque era a única pessoa no mundo que sabia que minha versão do que ocorrera era a verdade.

Pois, uma vez trancafiado, sem cadarços, cinto, relógio, dinheiro, documentos, lixa de unhas, numa cela gelada em que tanto a janela quanto a privada estavam quebradas, junto com mais seis aventureiros, a história que contei sobre *l'affaire du drap de lit* [o caso do lençol] era recebida ou com grande hilaridade ou com uma incredulidade desconfiada. É bem verdade que, das pessoas que compartilharam minha cela nos três primeiros dias, nenhuma tinha sido presa por nenhum motivo muito mais sério que o meu — pelo menos do meu ponto de vista. Havia um rapaz, lembro-me, que havia roubado um suéter de malha do Monoprix, que, na opinião de todos, provavelmente receberia uma sentença de seis meses. Havia um homem mais velho que tinha sido preso por algum tipo de furto sem importância. Havia dois norte-africanos, animados, brutos e belos, que alternavam entre alegria e fúria, não por estarem presos, mas pelo estado da cela. Nenhum deles investia tanta energia emocional no fato de estar preso quanto eu; eles encaravam o fato, como eu gostaria de encará-lo, apenas como mais um azar que lhes ocorria num mundo muito cruel. Pois, embora eu me considerasse uma pessoa que encarava o mundo com um olhar frio e penetrante, a verdade é que eles eram muito mais realistas sobre o mundo do que eu, e estavam bem mais próximos da verdade. A diferença entre nós, que só poderia ser diminuída por um gesto meu, crescia de forma constante, e foi aumentando cada vez mais no decorrer de 36 horas. Não pude esboçar gesto nenhum simplesmente porque tinha medo deles. Não conseguia aceitar minha prisão como um fato, nem mesmo como um fato temporário. Não conseguia, por um momento sequer, aceitar meus companheiros do momento como *meus* companheiros. E eles, claro, percebiam minha atitude e a atribuíam, com toda a razão, à minha condição de americano.

Não havia nada para fazer o dia todo. Tudo levava a crer que iríamos a julgamento algum dia, mas ninguém sabia quando. Éramos acordados às sete e meia por batidas naquela pequena abertura na porta da cela através das quais os guardas inspecionam os prisioneiros, que, se não me engano, é chamada [em inglês] de *Judas*. Ao ouvirmos as batidas, nos levantávamos do chão — dormíamos em enxergas de palha, cada um com um cobertor fino — e nos aproximávamos da porta da cela. Através da abertura olhávamos para o centro da prisão, que, lembro, tinha três andares, e era toda de pedra cinzenta e aço, tal como nos filmes a que eu assistira, só que os filmes não haviam me mostrado o frio que fazia na prisão. Eu não sabia que o confisco dos cadarços e dos cintos faz a pessoa se sentir, de um modo muito estranho, desmoralizada. A necessidade de arrastar os pés e a necessidade de segurar as calças com uma das mãos transformam o homem num boneco de pano. E os filmes, é claro, não dão a menor ideia de como é a comida da prisão. Às sete e meia, três homens vinham pelo corredor, cada um empurrando uma lata de lixo grande montada sobre rodas. Na primeira lata de lixo vinha o pão, entregue ao prisioneiro pela abertura pequena que havia na porta. Na segunda lata vinha o café. Na terceira vinha o que era sempre chamado de *la soupe*, uma pasta pálida de batatas que sem dúvida já estava sendo fervida no fogão da prisão muito antes daquela primeira e célebre revolução. Naturalmente, a essa altura estava fria, e embora eu estivesse morrendo de fome, não conseguia comê-la. Eu tomava o café — que não era café — porque estava quente, e passava o resto do dia encolhido no meu cobertor, mastigando o pão. Não era o pão francês vendido nas padarias. À tardinha, o mesmo desfile de latas recomeçava. Às dez e meia da noite as luzes se apagavam. Eu tinha um sonho recorrente, todas as noites, um pesadelo em que sempre aparecia o frango frito da minha mãe. No momento em que eu estava prestes a comer, vinham as batidas à porta. O silêncio é, na verdade, a única coisa que me ficou na memória daqueles três primeiros dias, o silêncio e a cor cinza.

Já não lembro bem se foi no terceiro ou no quarto dia que me levaram a julgamento pela primeira vez. Não havia, é claro, nada que distinguisse um dia do outro. Lembro que tinha plena consciência de que o Natal estava próximo, e me perguntava se ia mesmo passar o dia de Natal na prisão. E lembro também que o primeiro julgamento foi dois dias antes do Natal.

Na manhã do primeiro julgamento, fui despertado por meu nome sendo chamado. Ouvi, numa espécie de vácuo entre o frango frito da minha mãe e o chão gelado da cela: "*Vous préparez. Vous êtes extrait*" — o que me apavorou, por não saber como interpretar o sentido da palavra "*extrait*", e porque meus companheiros de cela se divertiam comigo contando histórias terríveis sobre a incompetência que reinava nas prisões francesas, tão extrema que muitas vezes acontecia de alguém que era para ser levado a julgamento entrar na fila errada e acabar na guilhotina. A melhor maneira de exprimir minha reação a essas histórias é dizer que, embora soubesse que eles estavam querendo me atazanar, eu simplesmente não conseguia *não* acreditar por completo no que eles diziam. Do meu ponto de vista, estando eu em poder da justiça francesa, qualquer coisa poderia acontecer comigo. Lá fui eu, arrastando os pés junto com os outros que foram *extraits*, até o centro da prisão, tentando ficar o máximo de tempo no escritório, que parecia ser o único local aquecido no mundo inteiro, até ir parar de novo naquela horrível viatura, que me levou de volta para a Île de la Cité, dessa vez para o Palais de Justice. Tirando dez minutos, passei o dia inteiro numa cela, primeiro esperando a hora de ser julgado, depois esperando a hora de ser levado de volta para a prisão.

Pois acabei *não* sendo julgado naquele dia. Depois de algum tempo fui algemado e conduzido pelos corredores, até o tribunal no andar de cima, onde encontrei meu amigo nova-iorquino. Fomos alojados juntos, comentando, em cochichos, que nossa provação sem dúvida estava chegando ao fim. Assim mesmo, enquanto aguardava a hora em que nosso caso fosse chamado, meus olhos vasculhavam o tribunal, procurando um rosto conhecido, na esperança de que houvesse *alguém* ali que me conhecesse e que levasse para o mundo exterior a notícia de que eu estava passando por dificuldades. Mas não reconheci ninguém, e eu já tivera tempo de me dar conta de que provavelmente havia apenas um homem em Paris capaz de me ajudar, um advogado de patentes americano para quem eu tinha trabalhado como office boy. Ele poderia me auxiliar porque tinha uma posição bem sólida e algum prestígio, e testemunharia que, no tempo em que trabalhava para ele, eu tinha manipulado quantias polpudas com regularidade, e portanto era muito improvável que me rebaixasse a ponto de traficar lençóis. Mas ele estaria em algum lugar em Paris, talvez naquele exato momento fazendo um lanche regado a vinho, e para mim era tão inacessível quanto se estivesse em Marte. Tentei acompanhar o desenrolar do processo e esvaziar a mente. Mas o que eu via não me tranquilizava. Assim, por exemplo, o rapaz que havia roubado o suéter recebeu, conforme o previsto, uma sentença de seis meses. Parecia-me que todas as sentenças proferidas naquele dia eram excessivas; por outro lado, todas as pessoas que foram condenadas naquele dia haviam assumido o crime como profissão, ou então pareciam dispostas a fazê-lo. Era essa, ao que parecia, a opinião do juiz, que quase não se dignava a olhar para os prisioneiros nem a ouvi-los; parecia ser também a opinião dos prisioneiros, que mal se davam ao trabalho de falar em seu próprio nome; e parecia ser a opinião dos advogados, defensores públicos em sua maior parte, que os defendiam. Tudo levava a crer que o principal impulso do tribunal era o de colocar essas pessoas num lugar onde elas não pudessem ser vistas — não porque ele se sentisse ofendido pelos crimes, a menos que se ofendesse pelo fato de os crimes serem tão mesquinhos, mas porque não queria saber que sua sociedade estava fadada a produzir, provavelmente em escala cada vez maior, toda uma multidão para a qual o crime era a única carreira possível. É inevitável que qualquer sociedade produza criminosos, mas uma sociedade ao mesmo tempo rígida e instável não pode fazer nada no sentido de aliviar a pobreza de seus membros mais humildes, não pode apresentar ao hipotético jovem que se vê no momento crucial de sua vida aquele bom caminho do qual tanto falam. E o fato, talvez, de que os franceses são o povo menos sentimental do mundo, e que também são um dos mais orgulhosos, agrava a situação de seus membros mais humildes, mais jovens e mais azarados, pois isso significa que a ideia de reabilitação é para eles irreal. Confesso que essa atitude dos franceses desperta em mim sentimentos de exasperação, admiração e desespero, revelando, tanto no melhor quanto no pior sentido, a famosa e espetacular objetividade dos franceses.

Finalmente fomos chamados e nos levantamos. Dissemos nossos nomes. Quando veio à tona que éramos americanos, o procedimento foi interrompido, e houve uma rápida consulta entre o juiz e pessoas que julguei serem advogados. Alguém mandou vir um intérprete. O oficial que nos prendera tinha esquecido de mencionar nossas nacionalidades e não havia, portanto, um intérprete no tribunal. Mesmo se nosso francês fosse melhor do que era, não poderíamos ser julgados sem a presença de um intérprete. Antes que eu entendesse direito o que estava acontecendo, fui novamente algemado e levado para fora do tribunal. O julgamento havia sido adiado para o dia 27 de dezembro.

Às vezes me pergunto se eu não teria ficado *para sempre* na prisão se não fosse aquele homem mais velho que tinha sido preso por um misterioso furto. Ele foi absolvido naquele dia, e quando voltou para a cela — pois só poderia ser solto na manhã seguinte —, me encontrou sentado no chão, aparvalhado; haviam me impedido, por ter visto um homem todo ensanguentado sendo levado numa maca de volta para sua cela, de me agarrar às grades e gritar até que me deixassem sair. A visão do homem na maca provava, no entanto, que gritar não ia me ajudar muito. O homem que cometera o furto foi perguntando a todos se poderia fazer alguma coisa no mundo exterior por aqueles que ficavam na prisão. Quando ele me dirigiu a pergunta, de início respondi: "Não, nada" — pois creio que àquela altura eu já havia assumido a atitude, a mais antiga de que eu me lembrava, do meu pai, para quem (como eu tinha me afastado do Deus dele) nada poderia me ajudar. E imagino que vou lembrar com gratidão até a morte que o homem insistiu: "*Mais, êtes-vous sûr?*" [Tem certeza mesmo?]. Então me dei conta de que ele estava *saindo* da prisão, e desse modo passava a ser meu primeiro contato com o mundo exterior sabe Deus há quantos dias. Ao mesmo tempo, lembro-me, no fundo eu não acreditava que ele iria me ajudar. Não havia razão para que o fizesse. Mas lhe dei o número do telefone do meu amigo advogado e meu próprio nome.

Então, no meio do dia seguinte, véspera de Natal, fui ao andar de baixo mais uma vez, arrastando os pés, para falar com meu visitante. Ele parecia muitíssimo bem alimentado, sensato e limpo. Disse-me que eu não precisava mais me preocupar com nada. O único problema era que ele tampouco poderia fazer nada no sentido de acelerar o andamento das engrenagens da justiça. Mesmo assim, ia falar com um advogado que ele conhecia, o qual me defenderia no dia 27, e ele próprio, juntamente com várias outras pessoas, viria para depor em meu favor. Deu-me um maço de Lucky Strikes (que o carcereiro tomou de mim quando voltei para o andar de cima) e disse que era pouco provável que houvesse qualquer celebração na prisão, mas que eu ganharia uma excelente ceia de Natal quando saísse. E isso, por algum motivo, me pareceu muito engraçado. Lembro-me de constatar com espanto que eu estava mesmo rindo. Estava também, imagino, um tanto decepcionado de ver que meu cabelo não tinha embranquecido, que meu rosto não ia ficar marcado pela tragédia, decepcionado, no fundo, sem dúvida, por perceber, ao falar com ele naquela sala, que coisas muito piores tinham acontecido com a maioria das pessoas, e que, de fato, como diria minha mãe, se aquela era a pior coisa que já acontecera comigo, eu poderia me considerar uma das pessoas mais sortudas do mundo. Ele — meu visitante — introduziu no meu pesadelo solitário o bom senso, o mundo e a ideia de que coisas piores estavam por vir.

No dia seguinte, Natal, sem conseguir ficar na minha cela e sentindo que aquele dia, afinal, exigia algum gesto, pedi permissão para ir à missa, na esperança de ouvir um pouco de música. Porém, acabei passando uma hora e meia tiritando, trancado num cubículo igual àquele em que me haviam colocado na viatura que me trouxe até a prisão, vendo, através de uma fenda situada à altura dos meus olhos, um velho francês, de chapéu e luvas, envolvo em agasalhos, contando, naquele idioma que eu não compreendia, para uma fileira de caixas de madeira, a história do amor de Jesus Cristo pelos homens.

Passei o dia seguinte, 26 de dezembro, aprendendo um jogo curioso, jogado com palitos de fósforo, com meus companheiros de cela. Pois, agora que não achava mais que ficaria naquela cela para sempre, eu estava começando a conseguir aceitá-la por um tempo. No dia 27 fui mais uma vez a julgamento e, tal como previsto, o processo foi extinto. A história do *drap de lit*, finalmente relatada, causou grande hilaridade no tribunal, e meu amigo concluiu que os franceses eram "ótimos". Aquela hilaridade me gelou, ainda que seu intuito fosse me animar. Não havia como eu não me lembrar do riso que tinha ouvido tantas vezes na minha terra, um riso que eu às vezes provocara de propósito. É o riso daqueles que julgam estar a uma distância protetora de todos os desgraçados, aqueles para quem a dor da existência não é real. Eu o tinha ouvido tantas vezes na minha terra natal que resolvera encontrar um lugar onde nunca mais o ouvisse. De alguma maneira profunda, negra, pedregosa e libertadora, minha vida, para mim, só começou naquele primeiro ano em Paris, quando me dei conta de que esse riso é universal, e que é impossível silenciá-lo.

Um estranho na aldeia

Ao que tudo indica, nenhum negro jamais pôs o pé nesta aldeola suíça antes de mim. Quando eu ainda não havia chegado, disseram-me que era bem provável que me tornasse uma "atração" na aldeia; entendi que estavam me dizendo que as pessoas cuja pele tinha a cor da minha raramente eram vistas na Suíça, e também que as pessoas das cidades grandes são sempre uma espécie de "atração" fora das cidades. Não me ocorreu — talvez por eu ser americano — que existisse no mundo um lugar onde as pessoas nunca tivessem visto um negro.

Esse fato não pode ser atribuído à inacessibilidade da aldeia. Ela fica a uma grande altitude, mas são apenas quatro horas de viagem de Milão e três horas de Lausanne. É verdade que a aldeia é praticamente desconhecida. Poucas pessoas resolveriam vir para cá num passeio de férias. Por outro lado, imagina-se que os aldeões podem ir para onde quiserem — com efeito, eles vão com frequência a outra cidadezinha no sopé da serra, com uma população de cerca de 5 mil pessoas, o lugar mais próximo onde se pode ir ao cinema ou ao banco. Na aldeia não há cinema, nem banco, nem biblioteca, nem teatro; pouquíssimos rádios, um jipe, uma caminhonete; e, no momento, uma máquina de escrever, a minha, uma invenção que a minha vizinha de porta nunca tinha visto. Cerca de seiscentas pessoas vivem aqui, todas católicas — é a conclusão a que chego com base no fato de que a igreja católica fica aberta o ano todo, enquanto a capela protestante, situada num morro um pouco afastado da aldeia, só abre no verão, quando chegam os turistas. Há quatro ou cinco hotéis, todos fechados agora, e quatro ou cinco bistrôs, dos quais, porém, apenas dois funcionam no inverno. Estes dois não têm muita atividade, pois a vida na aldeia, ao que parece, acaba por volta das nove ou dez horas da noite. Há alguns estabelecimentos comerciais, açougue, padaria, *épicerie*, uma loja de ferragens e uma agência de câmbio — onde não se trocam cheques de viagem, que têm de ser enviados para o banco, uma operação que leva dois ou três dias. Há uma certa Ballet Haus, fechada no inverno e usada sabe Deus para quê — certamente não para a prática do balé — durante o verão. Ao que parece, há apenas uma escola na aldeia, e só para crianças bem pequenas; o que significa, creio eu, que as crianças mais velhas a certa altura descem a serra para completar sua educação — talvez na cidadezinha mais próxima. A paisagem é absolutamente assustadora, montanhas imponentes nos quatro lados, gelo e neve até onde a vista alcança. Nesse deserto branco, homens e mulheres e crianças estão em atividade o dia todo, carregando roupa para lavar, lenha, baldes de leite ou água, às vezes esquiando nas tardes de domingo. Durante toda a semana, veem-se meninos e rapazes, munidos de pás, tirando a neve dos telhados, ou trazendo lenha da floresta em trenós.

A única atração da aldeia, que explica a temporada turística, é a fonte de águas termais. Esses turistas, numa proporção inquietante, tendem a ser inválidos, ou semi-inválidos, que vêm ano após ano — de outras partes da Suíça, em sua maioria — por causa das águas. Isso concede à aldeia, no auge da temporada, um ar de santidade um tanto assustador, como se fosse uma pequena Lourdes. Muitas vezes há algo de belo, e há sempre algo de terrível, no espetáculo de uma pessoa que perdeu uma de suas faculdades, uma faculdade que ela nunca questionou até o momento em que a perdeu, e que se esforça para recuperá-la. Ainda assim, as pessoas não deixam de ser pessoas, de muletas ou mesmo no leito de morte; e por onde eu passava, no primeiro verão em que estive aqui, corria junto comigo, entre os aldeões nativos e entre os doentes, como que um vento — de espanto, curiosidade, jocosidade e indignação. Naquele primeiro verão, passei duas semanas na aldeia, e fui embora decidido a jamais voltar. Porém retornei no inverno, para trabalhar; na aldeia, por motivos óbvios, não há nada para perturbar a concentração, e o custo de vida, uma vantagem adicional, é baixíssimo. Agora é inverno de novo, um ano depois, e estou aqui mais uma vez. Todos na aldeia sabem meu nome, embora raramente o utilizem, todos sabem que eu venho dos Estados Unidos — se bem que isso, ao que parece, é algo em que eles nunca acreditam: os negros vêm da África — e todos sabem que sou amigo do filho de uma mulher que nasceu aqui, e que estou hospedado no chalé deles. Mas continuo a ser um estranho, tal como no dia em que cheguei, e as crianças gritam *Neger! Neger!* quando passo na rua.

Admito que no começo fiquei tão chocado que não consegui esboçar nenhuma reação. Se reagi de algum modo, foi tentando ser agradável — pois boa parte da educação do negro americano (muito antes de ele começar a frequentar a escola) consiste em ensiná-lo a fazer as pessoas "gostarem" dele. A técnica "sorria que o mundo sorri com você" funcionou mais ou menos tão bem nessa nova situação quanto na situação para a qual ela foi criada — ou seja, não funcionou nem um pouco. Afinal, é impossível gostar de uma criatura cujo peso humano e cuja complexidade humana não podem ser — ou nunca foram — reconhecidos. Meu sorriso era apenas mais um fenômeno inaudito, que lhes permitia ver meus dentes — na verdade, as pessoas não viam meu sorriso, e comecei a achar que, se eu começasse a rosnar, ninguém perceberia a diferença. Todas as características físicas do negro que me causavam, nos Estados Unidos, um sofrimento muito diferente, já quase esquecido, aqui eram nada menos do que milagrosas — ou infernais — para as pessoas da aldeia. Alguns achavam que meu cabelo era cor de alcatrão, que tinha a textura de arame, ou de algodão. Alguém sugeriu, de brincadeira, que eu o deixasse crescer para fazer com ele um casaco de inverno. Se eu ficava sentado ao sol por mais de cinco minutos, alguma criatura ousada sempre se aproximava e punha, com todo o cuidado, os dedos no meu cabelo, como se temesse levar um choque elétrico, ou tocava minha mão, espantando-se ao ver que a cor dela não saía na sua. Em tudo isso, é preciso admitir, havia algo do encanto de um assombro genuíno, isento de toda e qualquer intenção malévola, porém nada indicava que eu fosse um ser humano: eu era apenas uma maravilha viva.

Na época, eu sabia que elas não queriam ser indelicadas, como sei agora; no entanto, preciso repetir essa afirmação para mim mesmo cada vez que saio do chalé. As crianças que gritam *Neger!* não têm como saber dos ecos que este som desperta em mim. Elas estão cheias de bom humor, e as mais ousadas ficam orgulhosas quando paro para falar com elas. Mesmo assim, há dias em que não consigo parar e sorrir, não tenho ânimo de brincar com elas; chego até a murmurar com meus botões, com o mesmo rancor com que murmurava nas ruas de uma cidade que essas crianças nunca viram, quando eu tinha a idade delas: *a sua* mãe *era negra.* Joyce tem razão quando afirma que a história é um pesadelo — mas talvez seja o pesadelo do qual *ninguém* consegue despertar. As pessoas estão presas na história, e a história está presa nelas.

Há um costume nesta aldeia — segundo me disseram, ele existe também em muitas outras aldeias — de "comprar" nativos africanos com o propósito de convertê-los ao cristianismo. Há na igreja, durante todo o ano, uma pequena caixa com uma abertura para receber dinheiro, enfeitada com a estatueta de um negro, e nessa caixa os aldeões depositam francos. Durante o Carnaval que antecede a Quaresma, duas crianças da aldeia têm os rostos pintados de preto — e em meio a essa escuridão exangue seus olhos azuis brilham como gelo —, e perucas fantásticas, feitas de crina de cavalo, são colocadas em suas cabeças louras; com esse disfarce, elas vão angariar contribuições para os missionários na África junto aos moradores. Graças à caixa na igreja e às crianças enegrecidas, a aldeia "comprou" no ano passado seis ou oito nativos africanos. Isso me foi relatado com orgulho pela esposa do proprietário de um dos bistrôs, e tive o cuidado de manifestar espanto e prazer diante da solicitude que a aldeia demonstrou pelas almas dos negros. A esposa do proprietário do bistrô sorriu com um prazer muito mais genuíno do que o meu, e parecia sentir que agora eu podia respirar com mais facilidade a respeito das almas de pelo menos seis de meus parentes.

Tentei não pensar nesses parentes batizados tão recentemente, no preço pago por eles, nem no estranho preço que eles mesmos haveriam de pagar, e não disse nada sobre meu pai, o qual, tendo levado sua própria conversão tão a sério, nunca, no fundo, perdoou o mundo branco (que ele considerava pagão) por lhe impingir um Cristo em quem, ao menos com base na maneira como eles o tratavam, eles próprios não acreditavam mais. Pensei em homens brancos chegando pela primeira vez a uma aldeia africana, tão estranhos lá quanto eu sou aqui, e tentei imaginar a população atônita tocando seus cabelos e maravilhados com a cor de sua pele. Mas há uma grande diferença entre ser o primeiro homem branco a ser visto pelos africanos e ser o primeiro homem negro a ser visto por brancos. O homem branco toma o espanto como uma homenagem, pois ele vem para conquistar e converter os nativos, cuja inferioridade em relação a si próprio não é nem sequer questionada; enquanto eu, sem nenhuma intenção de conquista, me encontro em meio a um povo cuja cultura me controla e que, em certo sentido, me criou, pessoas que me impuseram mais angústia e raiva do que elas jamais poderão imaginar, mas que no entanto nem sabem de minha existência. O espanto com que eu poderia tê-las recebido, se tivessem surgido na minha aldeia africana alguns séculos atrás, talvez alegrasse seus corações. Mas o espanto com que me recebem hoje só pode ter o efeito de envenenar o meu.

E as coisas são assim por mais que me esforce para me sentir de forma diferente, apesar de minhas conversas amigáveis com a esposa do proprietário do bistrô, apesar do fato de que seu filho de três anos finalmente se tornou meu amigo, apesar dos *saluts* e *bonsoirs* que troco com as pessoas nas minhas caminhadas, apesar de eu saber muito bem que nenhum indivíduo pode ser responsabilizado pelo que a história está fazendo, ou já fez. Afirmo que a cultura dessas pessoas me controla, mas na verdade não há como responsabilizá-las pela cultura europeia. A América deriva da Europa, mas essas pessoas nunca viram a América, e a maioria delas conhece pouco mais da Europa do que a aldeia ao pé da sua montanha. No entanto, elas ostentam uma autoridade que jamais terei; e me veem, com toda a razão, não apenas como um estranho em sua aldeia, mas também como uma pessoa suspeita, que chegou muito recentemente e sem credenciais, a tudo aquilo que eles — ainda que de modo inconsciente — herdaram.

Pois esta aldeia, mesmo que fosse muitíssimo mais remota e mais primitiva, é o Ocidente, o Ocidente no qual, de modo tão estranho, fui enxertado. Essas pessoas não podem ser, do ponto de vista do poder, estranhas em lugar algum no mundo; foram elas que fizeram o mundo moderno, na verdade, mesmo que não saibam disso. Até as mais analfabetas entre elas estão relacionadas, de uma maneira que eu não estou, a Dante, Shakespeare, Michelangelo, Ésquilo, Da Vinci, Rembrandt e Racine; a catedral de Chartres diz a elas algo que não pode dizer a mim, tal como o faz, na verdade, o Empire State Building em Nova York, se alguém daqui algum dia estiver diante dele. É dos seus hinos de igreja e suas danças folclóricas que emergiram Beethoven e Bach. Se recuarmos alguns séculos, elas surgirão em toda a sua glória — mas eu estarei na África, vendo a chegada dos conquistadores.

A raiva dos desprezados é pessoalmente infrutífera, mas é também de todo inevitável; essa raiva, muitas vezes desconsiderada e tão pouco compreendida até mesmo pelas pessoas para as quais ela constitui o pão de cada dia, é um dos elementos que constituem a história. É só com dificuldade, e nunca por completo, que a raiva pode ser dominada pela inteligência, e por isso ela não é suscetível a qualquer argumento. Trata-se de um fato que os representantes mais típicos do *Herrenvolk*, que nunca sentiram essa raiva e são incapazes de imaginá-la, não conseguem entender. Além disso, essa raiva não pode ser escondida, e sim apenas dissimulada. A dissimulação ilude os que não pensam, fortalece a raiva e acrescenta a ela o desprezo. Sem dúvida, há um número tão grande de maneiras de lidar com o complexo de tensões daí resultante como de negros no mundo, mas nenhum negro consegue livrar-se por completo dessa guerra interior — raiva, dissimulação e desprezo são consequências inevitáveis da consciência do poder dos brancos. O crucial aqui é que, uma vez que os brancos representam no mundo do negro um ônus tão pesado, os brancos têm para os negros uma realidade que está longe de ser recíproca; assim, todos os negros têm em relação a todos os brancos uma atitude cujo efeito inevitável é roubar do homem branco a joia de sua ingenuidade, ou então fazer com que ela lhe custe bem caro.

O negro insiste, por qualquer meio a sua disposição, que o branco deixe de considerá-lo como uma raridade exótica e o reconheça enquanto ser humano. Esse é um momento muito tenso e difícil, pois há muita vontade de poder envolvida na ingenuidade do branco. Em sua maioria, as pessoas não são por natureza dadas à reflexão, tal como não são maliciosas por natureza, e o branco prefere manter o negro a uma certa distância humana porque assim se torna mais fácil para ele preservar sua simplicidade e evitar que lhe cobrem os crimes cometidos por seus antepassados ou seus vizinhos. Não obstante, ele não tem como não perceber que sua posição no mundo é melhor que a dos negros, nem pode desvencilhar-se por completo da suspeita de que os negros o odeiem por esse motivo. Ele não deseja ser odiado, tal como não deseja trocar de lugar com o negro, e a essa altura sua inquietação o leva, de modo quase inevitável, a recorrer a essas lendas que os brancos criaram sobre os negros, cujo efeito mais comum é enredar o branco, por assim dizer, na sua própria linguagem, que qualifica o inferno — bem como os atributos que levam alguém para o inferno — como tão negro quanto a noite.

Além disso, toda lenda contém um resíduo de verdade, e a função básica da linguagem é, descrevendo-o, controlar o universo. É da maior importância o fato de que os negros permanecem, na imaginação e, na grande maioria dos casos, na realidade, fora do alcance das disciplinas da salvação, muito embora o Ocidente venha "comprando" nativos africanos há séculos. Ouso dizer que há uma necessidade imediata de se desvincular desse estranho que claramente não está salvo, em cujo coração, além do mais, ele alimenta sabe-se lá que sonhos de vingança; ao mesmo tempo, há poucas coisas mais atraentes no mundo do que a ideia da liberdade indizível que é concedida aos não redimidos. Quando, sob a máscara negra, um ser humano começa a se fazer notar, não há como não se perguntar, com certo grau de horror, que espécie de ser humano é aquele. O modo como a imaginação vê o outro é determinado, é claro, pelas leis da personalidade de quem imagina, e uma das ironias das relações entre negros e brancos é o fato de, através da imagem que o branco faz do negro, o negro poder descobrir que espécie de pessoa o branco é.

 Comentei, por exemplo, que continuo sendo um estranho nesta aldeia, tanto quanto era no verão em que vim aqui pela primeira vez, mas isso não é bem verdade. Os aldeões já não se espantam tanto com a textura do meu cabelo e são mais curiosos a respeito da minha pessoa. E o fato de que sua curiosidade agora se dá em outro nível reflete-se em suas atitudes e em seus olhares. As crianças fazem aquelas ofertas de amizade encantadoras, hilariantes, às vezes de uma seriedade surpreendente, daquele modo imprevisível que lhes é característico; outras crianças, tendo aprendido que o diabo é um homem negro, gritam com medo genuíno quando me aproximo. Algumas das mulheres mais velhas jamais passam por mim sem me dirigir uma saudação simpática, e jamais passam por mim, na verdade, se parece que vão conseguir me envolver numa conversa; já outras olham para baixo ou desviam o olhar, ou então reagem com um esgar de desprezo. Alguns dos homens bebem comigo e sugerem que eu aprenda a esquiar — em parte, imagino, porque não conseguem me imaginar esquiando — e querem saber se eu sou casado, e fazem perguntas sobre o meu *métier*. Mas alguns dos homens acusam *le sale nègre* [o negro sujo] — não na minha presença — de roubar lenha, e já surge nos olhos de alguns deles aquela estranha malignidade, intencional e paranoica, que às vezes nos surpreende nos olhos dos brancos americanos quando, caminhando com sua namorada no domingo, eles veem um homem negro se aproximar.

 Há um abismo terrível entre as ruas desta aldeia e as ruas da cidade em que nasci, entre as crianças que gritam *Neger!* hoje e as que gritavam *Nigger!* ontem — esse abismo é a experiência, a experiência americana. A sílaba gritada às minhas costas hoje expressa acima de tudo espanto: sou um estranho aqui. Mas não sou um estranho nos Estados Unidos, e a mesma sílaba, quando lançada no ar americano, é uma expressão da guerra que minha presença ocasiona na alma americana.

Pois esta aldeia me faz constatar este fato: houve um dia, e não tão distante assim, em que os americanos ainda não eram americanos, mas europeus descontentes, diante de um enorme continente por conquistar, passando, por exemplo, por um mercado e vendo negros pela primeira vez. O choque desse espetáculo é indicado, sem dúvida, pela rapidez com que eles decidiram que esses homens negros não eram homens de verdade e sim gado. É verdade que a necessidade que os colonizadores do Novo Mundo tinham de conciliar seus pressupostos morais com o fato — e a necessidade — da escravidão acentuou muitíssimo o atrativo dessa ideia, e também é verdade que essa ideia expressa, com uma franqueza verdadeiramente americana, a atitude que, em diferentes graus, os proprietários de escravos de todas as épocas adotam em relação a todos os escravos.

Porém, no que diz respeito a todos os ex-escravos e proprietários de escravos, e ao drama que começou para os americanos há mais de trezentos anos em Jamestown,* há pelo menos duas diferenças a serem observadas. O escravo negro americano não podia supor, para começar — ao contrário do que se deu com escravos em épocas anteriores, que não apenas supuseram como também, em muitos casos, agiram com base nessa suposição —, que algum dia poderia arrancar o poder das mãos de seu senhor. Essa suposição foi anulada pela era moderna, que ocasionou mudanças radicais nos objetivos e nas dimensões do poder; ela só

---

* Localidade na Virgínia onde foi criada a primeira colônia inglesa no Novo Mundo, em 1607. (N. T.)

começa a ressurgir, de um modo sem precedentes, e com implicações terríveis, agora. Mas mesmo se essa suposição tivesse persistido com a mesma força, o escravo negro americano não poderia recorrer a ela para conferir dignidade a sua situação, e isso porque essa suposição se funda em outra: a de que o escravo no exílio ainda guarda um vínculo com seu passado, ainda tem algum meio — mesmo que apenas através da memória — de reverenciar e conservar as formas de sua vida de outrora; em suma, a de que ele tem como manter sua identidade.

Não foi assim com o escravo negro americano. Caso único entre os negros do mundo, ele foi despojado de seu passado, quase literalmente, de uma tacada. Fica-se a imaginar o que o primeiro escravo tinha a dizer ao primeiro filho negro que ele gerou. Dizem que há haitianos capazes de rastrear sua ascendência até chegar a reis africanos, mas qualquer negro americano que quiser recuperar sua ancestralidade verá que sua viagem no tempo termina de súbito com a assinatura na escritura de compra e venda que serviu de documento de entrada para seu antepassado. Na época — para não falar nas circunstâncias — em que foi escravizado o negro cativo que viria a se tornar o negro americano, não havia a possibilidade mais remota de que ele algum dia viesse a tomar o poder das mãos de seu senhor. Não havia razão para supor que sua situação haveria de mudar algum dia, e em pouco tempo também não havia mais nada que indicasse que sua situação não fora aquela desde sempre. Para ele tornou-se necessário, nas palavras de E. Franklin Frazier, encontrar um "motivo para viver sob a cultura americana, ou então morrer". A identidade do negro americano decorre dessa situação extrema, e a evolução dessa identidade foi fonte de uma ansiedade insuportável para as consciências e as vidas de seus senhores.

Pois a história do negro americano é singular também sob outro aspecto: a questão de sua humanidade, e de seus decorrentes direitos como ser humano, tornou-se uma questão candente para várias gerações de americanos, tão candente que acabou sendo uma das questões usadas para dividir a nação. É dela que emergiu o veneno do epíteto *Nigger!*. Trata-se de uma questão que a Europa nunca teve de enfrentar, e é por isso que, com toda a sinceridade, a Europa não consegue entender como ou por que essa questão surgiu, por que seus efeitos são tantas vezes desastrosos e sempre tão imprevisíveis, por que ela se recusa até hoje a se deixar resolver. As possessões da Europa habitadas por negros permaneceram — como ainda permanecem — na condição de colônias europeias, e à distância em que se encontram não representam nenhuma ameaça à identidade europeia. Se elas de fato constituíram um problema para a consciência europeia, foi um problema que permaneceu confortavelmente abstrato: na verdade, o homem negro, *enquanto homem*, não existia para a Europa. Mas nos Estados Unidos, mesmo na condição de escravo, ele era uma parte inescapável do tecido social geral, e nenhum americano poderia deixar de assumir uma atitude em relação a ele. Os americanos tentam até hoje fazer do negro uma abstração, mas a própria natureza dessas abstrações revela os efeitos tremendos que a presença do negro tem sobre o caráter americano.

Ao examinarmos a história do negro nos Estados Unidos, é da maior importância reconhecer que as crenças morais de uma pessoa ou de um povo nunca são tão frágeis quanto a vida — que não é moral — muitas vezes as faz parecer; essas crenças criam para as pessoas um referencial e uma esperança necessária, a esperança de que, quando a vida se tornar a pior possível, elas vão poder se superar e triunfar sobre a vida. Viver seria quase insuportável se essa esperança não existisse. Mais uma vez, mesmo quando o pior já foi dito, quem trai uma crença não se coloca, de modo algum, fora de seu alcance; trair uma crença não é a mesma coisa que deixar de acreditar nela. Caso contrário, o mundo seria de todo isento de padrões morais. E no entanto é preciso também reconhecer que a moralidade se baseia em ideias, e que todas as ideias são perigosas — perigosas porque necessariamente levam a ações, e aonde levam as ações ninguém sabe. E são perigosas também sob outro aspecto: diante da impossibilidade de permanecer fiel às crenças e à impossibilidade de se livrar delas, uma pessoa pode ser levada aos excessos mais desumanos. As ideias em que se baseiam as crenças americanas, ao contrário do que pensam os americanos, não surgiram na América. Vieram da Europa. E o estabelecimento da democracia no continente americano não foi de modo algum uma ruptura tão radical com o passado quanto foi a necessidade, enfrentada pelos americanos, de ampliar esse conceito de modo a incluir os negros.

Foi, literalmente, uma dura necessidade. Abandonar suas crenças era impossível para os americanos, não apenas porque somente essas crenças pareciam capazes de justificar o sacrifício que tinham suportado e o sangue que tinham derramado, mas também porque elas lhes proporcionavam seu único baluarte contra um caos moral tão absoluto quanto o caos físico do continente que eles estavam destinados a conquistar. Mas na situação em que os americanos se encontravam, essas crenças ameaçavam uma ideia que, gostemos ou não, é parte integral do legado ocidental: a ideia da supremacia branca.

Os americanos tornaram-se tristemente famosos pela contundência e brutalidade com que insistem nessa ideia, mas não foram eles que a inventaram; e o mundo não percebe que esses mesmos excessos atribuídos aos americanos significam um desconforto sem precedentes em relação à sobrevivência e ao poder dessa ideia, se não até mesmo sobre sua validade. A ideia de supremacia branca baseia-se tão somente no fato de que os homens brancos criaram a civilização (a civilização atual, que é a única que importa; todas as civilizações anteriores apenas deram "contribuições" à nossa), e portanto são os guardiões e defensores dela. Assim, para os americanos era impossível aceitar o negro como um igual, pois isso comprometeria seu status de homens brancos. Mas não aceitá-lo como tal era negar sua realidade humana, seu peso humano, sua complexidade humana, e a tensão de negar o que é de todo inegável obrigou os americanos a recorrer a racionalizações tão fantásticas que chegam a ser quase patológicas.

Na raiz do problema do negro americano está a necessidade do homem branco americano de encontrar uma maneira de conviver com o negro a fim de poder viver consigo mesmo. E a história desse problema pode ser reduzida aos meios utilizados pelos americanos — os linchamentos e as leis, a segregação e a aceitação legal, o terrorismo e as concessões — seja para assumir essa necessidade, ou para dar um jeito de contorná-la, ou, na maioria das vezes, encontrar uma maneira de fazer essas duas coisas ao mesmo tempo. O espetáculo resultante, ao mesmo tempo insensato e terrível, levou alguém a fazer a observação bem perspicaz de que "o-negro-na-América é uma forma de loucura que ataca homens brancos".

Nessa prolongada batalha, que está longe de ter chegado ao fim, e cujos efeitos imprevisíveis serão sentidos por muitas gerações futuras, a motivação do homem branco era proteger sua identidade; a do negro era a necessidade de formar uma identidade. E apesar do terrorismo que o negro americano suportou e suporta de modo esporádico até hoje, apesar da ambivalência cruel e de todo inescapável de seu status em seu país, a batalha por sua identidade foi vencida há muito tempo. Ele não é um visitante no Ocidente, mas um cidadão de lá, um americano; tão americano quanto os americanos que o desprezam, os americanos que o temem, os americanos que o amam — os americanos que se diminuíram, ou os que se engrandeceram com o fato de que o desafio representado por ele era inescapável. Ele talvez seja o único negro no mundo cuja relação com o branco é mais terrível, mais sutil e mais significativa do que a relação entre o possuído ressentido e o possuidor inseguro. Sua sobrevivência dependia — e seu desenvolvimento depende — de sua capacidade de transformar seu status peculiar no mundo ocidental em uma vantagem para si e, talvez, em uma grande vantagem para esse mundo. Resta a ele dar forma, com base na sua experiência, àquilo que lhe dará sustento e lhe dará uma voz.

A catedral de Chartres, como já observei, diz algo às pessoas desta aldeia que ela não pode dizer a mim; mas é importante entender que essa catedral diz a mim algo que não pode dizer a elas. Talvez as impressionem as torres poderosas, os vitrais gloriosos; mas elas conhecem Deus, afinal de contas, há mais tempo do que eu, e de uma maneira diferente; e eu me sinto aterrorizado diante do escorregadio poço sem fundo que fica na cripta, onde os hereges eram lançados para morrer, e pelas gárgulas obscenas e inescapáveis que se projetam da pedra e parecem dizer que Deus e o diabo nunca podem ser dissociados. Duvido que os aldeões pensem no diabo quando olham para uma catedral, porque eles nunca foram identificados com o diabo. Mas eu sou obrigado a aceitar o status que o mito, ao menos, me confere no mundo ocidental, antes de tentar modificar esse mito.

No entanto, se o negro americano chegou à sua identidade por efeito da alienação absoluta em relação a seu passado, os brancos americanos ainda alimentam a ilusão de que existe algum meio de recuperar a inocência europeia, de retornar a um estado em que os negros não existem. Esse é um dos maiores erros que os americanos podem cometer. A identidade que eles tanto lutaram para proteger sofreu, por conta dessa batalha, uma mudança: os americanos são tão diferentes dos outros brancos do mundo quanto é possível ser. A meu ver, não é exagero dizer que a visão do mundo americana — que confere tão pouca realidade, de modo geral, às forças mais sombrias da vida humana, que tende até hoje a ver as questões morais em termos de preto e branco — deve muito à batalha travada pelos americanos para manter entre eles e os negros uma barreira humana que não pudesse ser derrubada. Só agora começamos a nos dar conta — de modo tênue, há que admitir, muito aos poucos e muito contra a nossa vontade — de que essa visão do mundo é perigosamente imprecisa e completamente inútil. Pois ela protege nossa arrogância moral ao custo terrível de enfraquecer nossa compreensão da realidade. Quem fecha os olhos para a realidade contribui para sua própria destruição, e quem insiste em permanecer num estado de inocência quando a inocência já morreu há muito tempo acaba por transformar-se num monstro.

Chegou a hora de perceber que o drama inter-racial encenado no continente americano criou não apenas um novo homem negro como também um novo homem branco. Nenhum caminho levará os americanos de volta à simplicidade desta aldeia europeia onde os brancos ainda têm o luxo de me ver como um estranho. Na verdade, não sou mais um estranho para nenhum americano vivo. Um dos aspectos que distinguem os americanos dos outros povos é que nenhum outro povo já se envolveu de modo tão profundo com as vidas dos negros, e vice-versa. Uma vez assumido esse fato, com todas as suas implicações, constata-se que a história do problema do negro americano não é apenas vergonhosa, mas é também uma espécie de conquista. Pois mesmo quando o pior já foi dito, é necessário acrescentar que o desafio perpétuo representado por esse problema sempre foi, de algum modo, enfrentado. Essa experiência de negros e brancos pode acabar tendo um valor indispensável para todos nós neste mundo que enfrentamos hoje. Este mundo não é mais branco, e nunca mais voltará a ser.

Agradecimentos

O autor agradece às publicações abaixo por lhe darem permissão para reeditar textos nelas veiculados originalmente: *Commentary* por "Carmen Jones" (publicado no número de janeiro de 1955, com o título "Life Straight in De Eye"), "O gueto do Harlem" (fevereiro de 1948) e "Igualdade em Paris" (março de 1955); *Harper's Magazine* por "Notas de um filho nativo" (novembro de 1955) e "Um estranho na aldeia" (outubro de 1953); *The New Leader* por "Viagem a Atlanta" (9 de outubro de 1948); *Partisan Review* por "O romance de protesto de todos" (junho de 1949), "Muitos milhares de mortos" (novembro-dezembro de 1951) e "Uma questão de identidade" (julho-agosto de 1954); e *The Reporter* por "Encontro à margem do Sena" (publicado no número de 6 de junho de 1950, com o título "The Negro in Paris").

Um corpo negro

Teju Cole

Então o ônibus começou a passar por dentro de nuvens, e entre uma nuvem e outra vislumbramos a cidadezinha lá embaixo. Estava na hora do jantar, e ela era uma constelação de pontos amarelos. Chegamos trinta minutos depois de sair da outra cidadezinha, que se chamava Leuk. O trem para Leuk viera de Visp, o trem de Visp viera de Berna, e o trem anterior era de Zurique, de onde eu havia saído à tarde. Três trens, um ônibus, uma breve caminhada, tudo isso atravessando uma bela região, e então chegamos a Leukerbad quando estava escuro. Afinal, Leukerbad, que não era longe em termos de distância absoluta, não era tão acessível assim. Dois de agosto de 2014: era aniversário de James Baldwin. Se ele estivesse vivo, estaria completando noventa anos. Ele é uma daquelas pessoas que estão no limite do contemporâneo, deslizando para o histórico — John Coltrane estaria fazendo 88 neste ano; Martin Luther King Jr. faria 85 —, pessoas que ainda poderiam estar conosco, mas que, às vezes, parecem muito distantes, como se tivessem vivido há séculos.

James Baldwin saiu de Paris e veio a Leukerbad pela primeira vez em 1951. A família de seu namorado, Lucien Happersberger, tinha um chalé em um vilarejo no alto das montanhas. E então lá foi Baldwin, que na época estava deprimido e disperso, e o vilarejo (que também tem o nome de Loèche-les-Bains) acabou sendo um refúgio para ele. Essa primeira viagem aconteceu no verão e durou duas semanas. Depois, para sua surpresa, ele voltou em outros dois invernos. Seu primeiro romance, *Go Tell It on the Mountain*, encontrou sua forma final aqui. Ele vinha lutando com o livro havia oito anos e, finalmente, o concluiu nesse retiro improvável. Também escreveu um ensaio chamado "Um estranho na aldeia"; foi esse ensaio, até mais do que o romance, que me trouxe a Leukerbad.

"Um estranho na aldeia" foi publicado pela primeira vez na *Harper's Magazine* em 1953, e depois na coletânea *Notas de um filho nativo*, em 1955. O texto relata a experiência de ser negro em um vilarejo só de brancos. Começa com a atmosfera de uma viagem radical, como a de Charles Darwin a Galápagos ou a de Tété-Michel Kpomassie à Groenlândia. Mas então se abre para outras preocupações e para uma voz diferente, passando a olhar a situação racial americana nos anos 1950. A parte do ensaio que trata do vilarejo suíço é tão confusa quanto triste. Baldwin atenta para o absurdo de ser um escritor nova-iorquino que, de alguma maneira, é considerado inferior pelos suíços daquele vilarejo, muitos dos quais jamais saíram dali. Porém, adiante no ensaio, quando escreve sobre raça nos Estados Unidos, ele não é nem um pouco confuso. É iracundo e profético, escreve com clareza dura, conduzido por uma eloquência vertiginosa.

Hospedei-me no hotel Mercure Bristol na noite em que cheguei. Abri as janelas para a escuridão, mas eu sabia que nela se escondia a montanha Daubenhorn. Abri a torneira da banheira e me afundei até o pescoço na água quente, com meu velho exemplar barato de *Notas de um filho nativo*. O som baixo do meu laptop era Bessie Smith cantando "I'm Wild about That Thing", um blues picante e uma obra-prima da dissimulação: "*Don't hold it baby when I cry/ Give me every bit of it, else I'd die/ I'm wild about that thing*". A letra que ela canta poderia se referir a um trombone. E foi ali, na banheira, com as palavras dele e a voz dela, que tive meu momento dublê de corpo: ali estava eu em Leukerbad, com o canto de Bessie Smith vindo de 1929, atravessando os anos; e sou negro como ele; e sou magro; e também tenho os dentes da frente espaçados; e não sou especialmente alto (não, escreva: baixo); e sou frio no papel e caloroso pessoalmente, a não ser quando sou justamente o contrário; e fui também um fervoroso pastor na adolescência (Baldwin: "Nada que já me aconteceu a partir de então iguala o poder e a glória que eu às vezes sentia quando, no meio de um sermão, sabia que era, de alguma maneira, por algum milagre, realmente o portador, como eles dizem, da 'Palavra' — quando a igreja e eu éramos um só"); e também eu abandonei a igreja; e considero Nova York meu lar, mesmo quando não estou morando lá; e me sinto em toda parte, da cidade de Nova York à Suíça rural, o guardião de um corpo negro, e preciso encontrar a linguagem para tudo o que isso significa para mim e para as pessoas que olham para mim. O ancestral brevemente tomou posse do descendente. Foi um momento de identificação e, nos dias seguintes, esse momento foi um guia.

"Ao que tudo indica, nenhum negro jamais pôs o pé nesta aldeola suíça antes de mim", Baldwin escreveu. Mas o vilarejo cresceu razoavelmente desde a sua visita, mais de sessenta anos atrás. Agora eles já tinham visto negros; eu não era uma atração. Notei alguns olhares discretos no hotel, quando me registrei, e no restaurante elegante da mesma rua, mas as pessoas sempre olham. As pessoas olham em Zurique, onde estou passando o verão, assim como olham em Nova York, onde moro há catorze anos. Há olhares por toda a Europa e na Índia, e em qualquer outro lugar fora da África. O teste é ver quanto duram esses olhares, se eles se tornam olhares fixos, com que intenção ocorrem, se contêm algum grau de hostilidade ou zombaria, e até que ponto meus contatos, meu dinheiro ou modo de vestir me protegem nessas situações. Ser um estranho é ser olhado, mas ser negro é ser olhado de uma forma especial. ("As crianças gritam *Neger! Neger!* quando passo na rua.") Leukerbad mudou, mas de que maneira? Não havia, de fato, bandos de crianças na rua, havia poucas crianças em geral. Provavelmente as crianças de Leukerbad, como as crianças do mundo todo, estavam dentro de casa, vidradas em jogos de computador, checando o Facebook ou assistindo a videoclipes. Talvez alguns dos velhos que vi na rua fossem as mesmas crianças que haviam ficado tão surpresas ao verem Baldwin, e sobre quem, no ensaio, ele se esforça para falar em um tom sensato: "Em tudo isso, é preciso admitir, havia algo do encanto de um assombro genuíno, isento de toda e qualquer intenção malévola, porém nada indicava que eu fosse um ser humano: eu era apenas uma maravilha viva". Agora, no entanto, os filhos ou netos daquelas crianças estão conectados ao mundo de um modo diferente. Talvez certa xenofobia ou certo racismo façam parte da vida deles, como também o fazem Beyoncé, Drake e Meek Mill, a música que ouço pulsar nas boates suíças nas noites de sexta-feira.

Nos anos 1950, Baldwin teve que trazer consigo seus discos, como se fossem remédios secretos, e precisou subir com sua vitrola até Leukerbad, para que o som do blues americano pudesse mantê-lo em contato com um Harlem espiritual. Ouvi algumas dessas músicas enquanto estive lá, como um modo de estar com ele: Bessie Smith cantando "I Need a Little Sugar in My Bowl" ("*I need a little sugar in my bowl/ I need a little hot dog on my roll*"), Fats Waller cantando "Your Feet's Too Big". Ouvi também minha própria seleção: Bettye Swann, Billie Holiday, Jean Wells, *Coltrane Plays the Blues*, The Physics, Childish Gambino. A música que ouvimos durante uma viagem nos ajuda a criar nosso clima interior. Mas o mundo também participa: quando almocei no restaurante Römerhof certa tarde — naquele dia, todos os fregueses e funcionários eram brancos —, a música tocando acima de nossas cabeças era "I Wanna Dance with Somebody", de Whitney Houston. A história é agora, e a América, negra.

Na hora do jantar, em uma pizzaria, mais olhares. Uma mesa de turistas ingleses ficou me encarando. Mas a garçonete era de origem negra, e um dos funcionários do spa do hotel era um senhor negro. "As pessoas estão presas na história, e a história está presa nelas", Baldwin escreveu. Porém, também é verdade que pequenos pedaços de história se movem pelo mundo a uma velocidade tremenda, validando uma lógica nem sempre clara, e raramente válida por muito tempo. E talvez mais interessante do que eu não ser a única pessoa negra no vilarejo seja o simples fato de muitas outras pessoas que vi também serem estrangeiras. Essa foi a maior mudança de todas. Se, na época, o vilarejo tinha um ar piedoso e convalescente, uma espécie de "pequena Lourdes", hoje é muito mais próspero, cheio de visitantes de outras partes da Suíça, Alemanha, França, Itália e de toda a Europa, da Ásia e das Américas. Tornou-se o maior balneário termal dos Alpes. Os banhos municipais estavam cheios. Há hotéis em todas as ruas, de todos os preços, e há restaurantes e lojas de luxo. Hoje, quem quiser pode comprar um relógio pelos olhos da cara a 1400 metros acima do nível do mar.

Os melhores hotéis possuem suas próprias piscinas termais. No Mercure Bristol, peguei um elevador, desci até o spa e entrei na sauna seca. Minutos depois, entrei na piscina e boiei sobre a água quente. Havia outros hóspedes, mas não muitos. Caía uma chuva fina. Estávamos cercados por montanhas e suspensos naquele azul imortal.

* * *

Em seu brilhante romance *Harlem Is Nowhere*, Sharifa Rhodes-Pitts escreve:

> Em quase todos os ensaios que James Baldwin escreveu sobre o Harlem, há um momento em que ele faz um truque literário tão peculiar que, se ele fosse um atleta, os locutores acabariam codificando a manobra e diriam que ele "fez o Jimmy". Penso nisso em termos cinematográficos, porque seu efeito me faz lembrar de uma técnica em que a câmera se afasta de um detalhe para uma panorâmica enquanto a lente permanece com o foco em um determinado ponto distante.

Esse movimento, essa súbita abertura do foco, está presente até mesmo em seus ensaios que não tratam do Harlem. No ensaio "Um estranho na aldeia", há um trecho de umas sete páginas em que se pode sentir a retórica se avolumar, enquanto Baldwin se prepara para deixar para trás a atmosfera calma, fabular, da abertura. Sobre os moradores do vilarejo, ele escreve:

> Essas pessoas não podem ser, do ponto de vista do poder, estranhas em lugar algum no mundo; foram elas que fizeram o mundo moderno, na verdade, mesmo que não saibam disso. Até as mais analfabetas entre elas estão relacionadas, de uma maneira que eu não estou, a Dante, Shakespeare, Michelangelo, Ésquilo, Da Vinci, Rembrandt e Racine; a catedral de Chartres diz a elas algo que não pode dizer a mim, tal como o faz, na verdade, o Empire State Building em Nova York, se alguém daqui algum dia estiver diante dele. É dos seus hinos de igreja e suas danças folclóricas que emergiram Beethoven e Bach. Se recuarmos alguns séculos, elas surgirão em toda a sua glória — mas eu estarei na África, vendo a chegada dos conquistadores.

O que essa lista quer dizer? Será que Baldwin realmente se incomoda que as pessoas de Leukerbad estejam familiarizadas, ainda que difusamente, com Chartres? Que uma linhagem genética remota as associe aos quartetos de Beethoven? Afinal, como ele defende adiante no ensaio, ninguém pode negar o impacto que a "presença do negro tem sobre o caráter americano". Ele entende a verdade e a arte no trabalho de Bessie Smith. Ele não considera, e não poderia considerar — quero crer —, o blues inferior a Bach. Mas havia certa limitação na recepção das ideias sobre a cultura negra nos anos 1950. Desde então, houve uma quantidade suficiente de realizações culturais para se compilar uma seleção de astros negros: houve Coltrane e Monk e Miles, e Ella e Billie e Aretha. Toni Morrison, Wole Soyinka e Derek Walcott aconteceram, assim como Audre Lorde e Chinua Achebe e Bob Marley. O corpo não foi abandonado em detrimento do espírito: Alvin Ailey, Arthur Ashe e Michael Jordan aconteceram também. A fonte do jazz e do blues deu ao mundo o hip-hop, o afrobeat, o dancehall e o house. E, sim, quando James Baldwin morreu, em 1987, ele também foi reconhecido como um astro.

Pensando ainda na catedral de Chartres, na grandeza daquela realização e em como, para ele, ela incluía negros apenas no negativo, como demônios, Baldwin escreve que "o negro americano chegou à sua identidade por efeito da alienação absoluta em relação a seu passado". Mas o remoto passado africano se tornou muito mais acessível do que era em 1953. A mim não teria ocorrido pensar que, séculos atrás, eu estaria "na África, vendo a chegada dos conquistadores". Mas desconfio de que, para Baldwin, isso seja, em parte, uma jogada retórica, uma cadência severa para terminar um parágrafo. Em "Uma questão de identidade" (outro ensaio incluído em *Notas de um filho nativo*), ele escreve: "A verdade sobre esse passado não é que ele seja muito breve, ou muito superficial, e sim apenas o fato de que nós, tendo dado as costas a ele de modo tão categórico, jamais lhe pedimos o que ele tem para nos dar". Os artistas da corte de Ifé, no século XIV, fizeram esculturas de bronze usando um complicado método de moldes perdido na Europa desde a Antiguidade, só redescoberto no Renascimento. As esculturas de Ifé se igualam a obras de Ghiberti ou Donatello. Por sua precisão e suntuosidade formal, podemos extrapolar traços de uma grande monarquia, uma rede de ateliês sofisticados e um mundo cosmopolita de comércio e conhecimento. E não era só em Ifé. Toda a África Ocidental era uma efervescência cultural. Do governo igualitário dos Ibos à ourivesaria das cortes de Ashanti, das esculturas em latão do Benin às conquistas militares do império Mandinka e aos músicos que louvaram esses heróis guerreiros, essa foi uma região do mundo que investiu profundamente na arte e na vida para ser reduzida à caricatura de assistir à "chegada dos conquistadores". Hoje sabemos mais do que isso. Sabemos pelas pilhas de trabalhos acadêmicos que corroboram tal pensamento e sabemos implicitamente, de modo que a própria ideia de fazer uma lista de realizações parece um tanto entediante, servindo apenas como forma de se contrapor ao eurocentrismo.

 Eu jamais trocaria, sob nenhuma condição, a intimidante beleza da poesia iorubá por, digamos, sonetos de Shakespeare, ou as koras do Mali pelas orquestras de câmara de Brandemburgo. Sou feliz por dispor de tudo isso. Essa confiança despreocupada é, em parte, uma dádiva do tempo. É um dividendo da luta de pessoas das gerações anteriores. Eu não me sinto excluído nos museus. Mas essa questão da filiação atormentava bastante Baldwin. Ele era sensível ao que havia de grande no mundo da arte e sensível à sua própria sensação de exclusão daquele mundo. Ele fez uma lista parecida em *Notas de um filho nativo* (aqui começamos a achar que esse tipo de lista lhe ocorria em meio a discussões): "de alguma maneira sutil, de alguma maneira muito profunda, eu era obrigado a encarar Shakespeare, Bach, Rembrandt, as pedras de Paris, a catedral de Chartres e o Empire State Building com uma atitude especial. Essas criações não eram realmente minhas, não abrigavam minha história; seria inútil procurar nelas algum reflexo de mim. Eu era um intruso; aquele legado não era meu". As linhas latejam de tristeza. Aquilo que ele ama não o ama de volta.

É aí que me distancio de Baldwin. Não discordo da sua tristeza particular, mas da abnegação que o levou a ela. Bach, tão profundamente humano, é meu patrimônio. Não sou um intruso olhando um retrato de Rembrandt. Eu me importo com essas coisas mais do que algumas pessoas brancas, assim como algumas pessoas brancas se importam mais com alguns aspectos da arte africana do que eu. Posso me opor à supremacia branca e, ainda assim, adorar arquitetura gótica. Nisso, estou com Ralph Ellison: "Os valores do meu povo não são 'brancos' nem 'negros', são americanos. Nem posso ver como poderiam ser outra coisa, uma vez que somos um povo envolvido na textura da experiência americana". E, no entanto, eu (nascido nos Estados Unidos mais de meio século depois de Baldwin) continuo a entendê-lo, porque experimentei no meu corpo a fúria incontida que ele sentia do racismo que lhe impunha limites por todos os lados. Em seus escritos, há uma fome de viver, uma fome de tudo o que existe, e um forte desejo de não ser considerado um nada (um mero *nigger*, um mero *Neger*), logo ele, que sabia tão bem o próprio valor. E esse *tão bem* não tem a ver com egocentrismo no que escreve nem com algum tipo de ansiedade em relação à sua fama em Nova York ou Paris. São os princípios incontestáveis de uma pessoa: prazer, tristeza, amor, humor, luto e a complexidade da paisagem interior que sustenta esses sentimentos. Baldwin ficava perplexo que alguém, em algum lugar, questionasse esses princípios, oprimindo-o assim com a suprema perda de tempo que é o racismo, e oprimindo em tantas outras pessoas em tantos outros lugares. Essa capacidade incansável de se chocar exala como fumaça de suas páginas. "A raiva dos desprezados é pessoalmente infrutífera, mas é também de todo inevitável."

Leukerbad deu a Baldwin um modo de pensar sobre a supremacia branca a partir de seus princípios originais. Era como se ali ele os encontrasse em sua forma mais simples. Os homens que sugeriram que ele aprendesse a esquiar para que pudessem zombar dele, os moradores que o acusaram pelas costas de ser ladrão de lenha, aqueles que quiseram tocar seu cabelo e sugeriram que o deixasse crescer para fazer um casaco pesado, e as crianças que, "tendo aprendido que o diabo é um homem negro, gritam com medo genuíno" quando ele se aproximava: Baldwin viu neles protótipos (preservados como celacantos) de atitudes que evoluiriam para as formas mais íntimas, intrincadas, familiares e obscenas de supremacia branca americana que ele conhecia tão bem.

É um belo vilarejo. Gostei do ar da montanha. Mas quando voltei dos banhos termais para o meu quarto, depois de um passeio pelas ruas com a minha câmera, li as notícias na internet. Encontrei uma sequência infindável de crises: no Oriente Médio, na África, na Rússia e em toda parte, realmente. Era uma dor geral. Mas naquela aflição maior havia um conjunto de histórias interligadas, e pensar sobre "Um estranho na aldeia", pensar com sua ajuda, foi como injetar um contraste em meu encontro com o noticiário. A polícia americana continuava atirando em homens negros desarmados ou os matando de outras maneiras. Os protestos que se seguiam, nas comunidades negras, eram enfrentados com violência por uma força policial que vem se tornando análoga a um exército invasor. As pessoas começavam a ver a conexão entre os vários acontecimentos: os tiros, os estrangulamentos fatais, as histórias de quem não recebeu o remédio que salvaria uma vida. E as comunidades negras transbordavam de indignação e luto.

Em tudo isso, uma história menor, menos significativa (mas que ao mesmo tempo significa muito), chamou minha atenção. O prefeito de Nova York e seu chefe de polícia têm uma obsessão por políticas públicas de limpeza, por higienizar a cidade, e decidiram que prender integrantes de grupos de dança que se apresentam em vagões do metrô em movimento é uma maneira de limpar a cidade. Li as desculpas para que isso se tornasse uma prioridade: algumas pessoas têm medo de se machucar com algum chute imprevisto (ainda não aconteceu, mas elas já estão com medo), algumas pessoas consideram aquilo um incômodo, alguns políticos acham que perseguir essas pequenas infrações é uma maneira de prevenir crimes mais graves. E assim, para combater a ameaça dos dançarinos, a polícia interveio. Ela começou a perseguir, a assediar, a algemar. O "problema" eram os dançarinos, e os dançarinos eram, em sua maioria, garotos negros. Os jornais adotaram o mesmo tom do governo: total desdém pelos dançarinos. E, no entanto, esses mesmos dançarinos são um raio de luz em pleno dia, um momento de beleza sem controle, artistas com talentos inimagináveis para aquele público. Que tipo de pensamento consideraria que os banir é uma melhoria para a vida da cidade? Ninguém considera os doces ou travessuras do Dia das Bruxas uma ameaça pública. A lei não interfere nas bandeirantes que vendem seus biscoitos ou nas testemunhas de Jeová. Mas o corpo negro vem prejulgado e, como resultado, é tratado com preconceitos desnecessários. Ser negro é enfrentar o peso seletivo dos agentes da lei e viver na instabilidade psíquica de não ter garantia nenhuma da segurança pessoal. Antes de mais nada, você é um corpo negro, antes de ser um rapaz andando na rua ou um professor de Harvard que não encontra as chaves.

William Hazlitt, em ensaio de 1821 intitulado "The Indian Jugglers", escreveu palavras que me ocorrem quando vejo um grande atleta ou dançarino: "Homem, és um animal maravilhoso, e teus modos estão além do entendimento! Fazes coisas grandiosas, mas como se não fossem grandes coisas! — Conceber o esforço de tal extraordinária destreza distrai a imaginação e deixa sem fôlego a admiração". Na presença do admirável, há quem fique sem fôlego não de admiração, mas de fúria. Fazem-se objeções à presença do corpo negro (um garoto desarmado na rua, um homem comprando um brinquedo, um dançarino no metrô, um passante) tanto quanto à presença do intelecto negro. E simultaneamente a esses apagamentos ocorre a infindável coleta dos lucros obtidos do trabalho negro. Em toda nossa cultura, existem imitações dos passos, do porte e dos trajes do corpo negro, uma cooptação vampiresca de "tudo menos o fardo" da vida negra.

Leukerbad é rodeada de montanhas: a Daubenhorn, a Torrenthorn, a Rinderhorn. Um passo de montanha chamado Gemmi, 850 metros acima do vilarejo, conecta o cantão de Valais com o Oberland Bernês. Por essa paisagem — escarpada, nua em alguns lugares, verdejante em outros, um caso exemplar do sublime —, movemo-nos como por um sonho. O passo de Gemmi é famoso por bons motivos, e Goethe esteve lá, assim como Byron, Twain e Picasso. O passo é mencionado em uma aventura de Sherlock Holmes, quando ele o atravessa para o fatídico encontro com o professor Moriarty nas cataratas de Reichenbach. O tempo estava ruim no dia em que subi até lá, com chuva e neblina, mas foi uma sorte, porque assim pude ir sozinho pela trilha. Enquanto estava lá, lembrei-me de uma história que Lucien Happersberger contou de quando Baldwin saiu para caminhar por essas montanhas. Na subida, ele se desequilibrou, e por um instante a situação ficou tensa. Mas Happersberger, que era um alpinista tarimbado, estendeu a mão, e Baldwin se safou. Foi desse momento de pavor, desse momento de apelo bíblico, que Baldwin tirou o título para o livro que vinha tentando escrever: *Go Tell It on the Mountain*.

Se Leukerbad foi seu púlpito na montanha, os Estados Unidos eram seu público. O vilarejo remoto lhe deu uma visão mais precisa de como as coisas estavam em casa. Ele era um estranho em Leukerbad, Baldwin escreveu, mas não era possível para os negros serem estranhos nos Estados Unidos, nem para os brancos realizarem a fantasia de um país totalmente branco, expurgado dos negros. Essa fantasia da vida negra como algo descartável é uma constante na história americana. As pessoas ainda custam a entender que essa descartabilidade permanece. Os brancos custam a entender; pessoas não brancas custam a entender; e alguns negros, seja porque sempre viveram nos Estados Unidos, seja porque são retardatários como eu, nutridos em outras fontes de outras lutas, custam a entender. O racismo americano possui muitas engrenagens e já teve séculos suficientes para desenvolver uma impressionante camuflagem. É capaz de acumular sua maldade por muito tempo quase sem se mover, o tempo todo fingindo olhar para o outro lado. Como a misoginia, é atmosférico. A princípio, você não o vê. Mas depois você entende.

"Quem fecha os olhos para a realidade contribui para sua própria destruição, e quem insiste em permanecer num estado de inocência quando a inocência já morreu há muito tempo acaba por transformar-se num monstro." As notícias do dia (notícias velhas, mas sangrentas como uma ferida recente) dizem que a vida negra americana é descartável do ponto de vista da polícia, da Justiça, da política econômica e de inúmeras formas terríveis de desprezo. Há uma animada encenação de inocência, mas não sobrou mais nenhuma inocência de fato. A conta moral continua tão no negativo que ainda nem conseguimos começar a tratar da questão das reparações. Baldwin escreveu "Um estranho na aldeia" há mais de sessenta anos. E agora?

E o mundo jamais voltou a ser branco

Paulo Roberto Pires

Duas frases simples e diretas balizam *Notas de um filho nativo*. "Quero ser um homem honesto e um bom escritor", diz a "Nota autobiográfica" que lhe serve como introdução. E na última linha de "Um estranho na aldeia", que encerra o volume, lê-se: "Este mundo não é mais branco, e nunca mais voltará a ser". Entre a declaração de princípios da primeira e a constatação da última, correm dez ensaios essenciais — para a prosa americana do século xx e para a luta pelos direitos civis — que levaram mais de cinco décadas para chegar ao Brasil.* O James Baldwin ficcionista e o ensaísta são sob muitos aspectos indiscerníveis, mas é este último que realiza com perfeição a rara síntese entre o pleno domí-

---

* O primeiro livro de ensaios de Baldwin publicado no Brasil é *Da próxima vez, o fogo: Racismo nos EUA*, traduzido por Christiano Monteiro Oiticica em 1967 para a Biblioteca Universal Popular, selo da Civilização Brasileira editado por Paulo Francis, que também assina o prefácio. Em 1973, *No Name in the Street* sai como *E pelas praças não terás nome* pela Brasiliense, em tradução de Crayton Sarzy.

nio formal, medida de sua estatura como criador, e a energia combativa que fez dele um dos intelectuais públicos decisivos de seu tempo.

Essa voz potente é flagrada aqui no momento em que se modula e define.* O ensaio mais antigo é de 1948 — quando Baldwin, com 24 anos e quarenta dólares no bolso, partiu para uma longa temporada em Paris. O mais recente é de 1955, quando, aos 31 anos, lançou *Notas de um filho nativo*. Nesse período, além de textos de encomenda, publicou *Go Tell It on the Mountain*, elogiado romance de estreia, dedicou-se à peça *The Amen Corner* e começou a trabalhar em *O quarto de Giovanni*. A conquista de um lugar e de uma voz, tida como objetivo último da vida literária plena e do engajamento político dos silenciados, lhe parecia, no entanto, aquém de suas ambições. "O preço que um negro paga para aprender a se exprimir", argumenta, "é constatar, no final das contas, que não há nada a ser expresso."

O ponto crucial dos anos de formação documentados em *Notas* é a tomada de consciência de que sendo o negro um "bastardo do Ocidente", "um intruso" na cultura que, conforme lembra Baldwin, resultou em Shakespeare, Paris e no Empire State Building, sua única possibilidade de existência efetiva seria apropriar-se da "secular história branca" para alterá-la. Que seus dois primeiros livros, um romance de fundo autobiográfico e um ensaio pessoal, tematizassem "a condição do negro" era para ele menos uma utopia ou opção do que oportunidade: "Foi esse o portão que me vi obrigado a destrancar para que pudesse escrever sobre qualquer outra coisa".

---

* As informações factuais têm como fontes as biografias *Talking at the Gates: A Life of James Baldwin* (Londres: Faber and Faber, 1991), de James Campbell, e *James Baldwin: A Biography* (Nova York: Knopf, 1994), de David Leeming, bem como a detalhada cronologia de *Collected Essays* (Nova York: Library of America, 1998), volume organizado por Toni Morrison.

E Baldwin, diga-se, não entra em cena por um portão qualquer. *Go Tell It on the Mountain* veio ao mundo pela Knopf no mesmo 1953 em que a prestigiada editora publicava Simone de Beauvoir (*O segundo sexo*), Cole Porter (libreto e letras de *Kiss Me, Kate*) e Eric Bentley (*In Search of Theater*).* Não menos relevante é o fato de os ensaios aqui recolhidos terem aparecido primeiro em revistas como *Commentary*, *Harper's Magazine*, *The New Leader*, *Partisan Review* e *The Reporter*, todas cultivadas pelo influente establishment intelectual liberal, à esquerda do espectro político de um país majoritariamente conservador e racista.

Notas de um filho nativo seria, portanto, recebido de braços abertos pelos chamados "intelectuais de Nova York", grupo heterogêneo formado sobretudo por judeus imigrantes que, entre as décadas de 1930 e 1960, animou alguns dos debates mais importantes no país. Para Alfred Kazin, o mercurial crítico literário de um círculo em que pontificavam Dwight Macdonald e Mary McCarthy, a coletânea era "um dos dois melhores livros escritos sobre o negro na América".** Irving Howe, o ideólogo do grupo, fez severas restrições à ficção de Baldwin, mas sustentava que "ele trouxe um novo brilho ao ensaísmo como forma de arte, uma forma com possibilidade de reflexão discursiva e drama concreto que faz do ensaio um sério concorrente do romance, até bem pouco tempo quase imbatível como o gênero literário dominante de nosso tempo".***

---

* O catálogo da Knopf está inventariado na edição comemorativa *Alfred A. Knopf 1915-2015: A Century of Publishing* (Nova York: Knopf, 2015).
** Citado por Mel Watkins no texto "Fire Next Time This Time", em *James Baldwin: Bloom's Modern Critical Views* (Nova York: Infobase, 2007), antologia organizada e prefaciada por Harold Bloom.
*** Irving Howe, "Black Boys and Native Sons". *Selected Writings: 1950-1990*. Nova York: Harcourt Brace Jovanovich, 1990.

É curioso que um passo tão decisivo na carreira de Baldwin tenha sido arquitetado por um editor — e, a princípio, a despeito do próprio autor. "Sou muito novo para publicar minhas memórias", repetia Baldwin às investidas de Sol Stein, da Beacon Press, para que reunisse em livro sua produção dispersa pela imprensa enquanto preparava o segundo romance. Colega de colégio, vizinho no Harlem, Stein convenceu-o de que, apesar de escritos sob diferentes demandas e na urgência de fazer algum dinheiro, aqueles textos teriam uma unidade quando devidamente organizados. "Ainda estou meio desorientado de medo por conta de minha introdução",* escreveu ele "alguns dias" antes de enviar os originais à editora com o atraso que seria regra em sua vida de escritor. A insegurança pontual de Baldwin devia-se à lapidar "Nota autobiográfica", que na forma em que a conhecemos não lembra sua origem, um questionário solicitado pela Knopf para promover o lançamento de Go Tell It on the Mountain.

Depois de muita discussão entre autor e editor sobre quais textos deveriam entrar e o que precisava ser reescrito ou alterado, *Notas de um filho nativo* chegou às livrarias no final de novembro de 1955 como um discreto volume, em capa dura, de 175 páginas. Pouco menos de um terço da sobrecapa era ocupado por uma tarja vermelha vertical, que estampava o título e o nome do autor secundando uma rara foto em que Baldwin aparece de bigodinho, à moda de Sammy Davis Jr. Vestia um pulôver, no melhor figurino dos intelectuais boêmios do Village, e voltava um olhar oblíquo e melancólico para a câmera de Paula Horn-Kotis, fotógrafa profissional com quem dividiu noitadas e até um namorado. Outra Paula, sua irmã caçula, figurava na página de dedicatória.

Além de reescritos, os ensaios foram agrupados tematicamente em três núcleos que lhes dão coerência. No primeiro, o

---

* Sol Stein, *Native Sons: A Friendship That Created One of the Great Works of the Twentieth Century — Notes of a Native Son*. Nova York: One World Books, 2005.

mais conceitual, Baldwin discute o lugar do artista negro em geral e do escritor em particular, escrutinando representações consagradas e investindo com fúria santa contra unanimidades e estereótipos. O bloco seguinte, inteiramente autobiográfico, reúne relatos sobre momentos cruciais de sua vida e de sua família como ponto de partida para reflexões sobre a brutal experiência do racismo no país. A parte final concentra o ponto de vista do expatriado sobre a condição do negro americano na Europa e a partir dela — mais especificamente da França, onde ele se instalara.

"Notas de um filho nativo", o ensaio, foi publicado na *Harper's* como "Me and My House..." simultaneamente ao lançamento do livro. Baldwin começara a escrevê-lo em 1952, ainda em Paris, e só o concluiu depois de voltar a Nova York, reavivando em visitas ao Harlem as doloridas memórias da relação com David Baldwin. Do severo pastor batista, que se casou com sua mãe quando ele ainda era criança, Baldwin herdou sobrenome, oito irmãos, rígida educação religiosa e uma mágoa do tamanho do mundo. Pequena obra-prima, o ensaio é uma síntese do acerto de contas com família, religião e racismo — temas que também estavam no centro de *Go Tell It on the Mountain* e *The Amen Corner*, o romance e a peça que havia publicado até então.

A morte de David no dia em que nasceu a irmã mais nova de Baldwin e em meio a uma das revoltas raciais que conflagraram os Estados Unidos nos anos 1940 é o ponto de partida dessa espécie de atestado de maioridade existencial e política. Àquela altura Baldwin vivia sozinho, sustentando-se com um subemprego para se livrar das demandas morais e religiosas imediatas que oprimiam a família. Mas só no enterro de David, no exato dia de seu aniversário de dezenove anos, Baldwin se deu conta de que lhe caberia administrar uma pesada herança, a amargura que lhe fora instilada pelo homem que só tardiamente, na adolescência, descobrira ser seu padrasto:

> Ele viveu e morreu ruminando um ressentimento espiritual intolerável, e assustava-me constatar, enquanto o levávamos para o cemitério, passando por aquelas ruas turbulentas e destruídas, o quão poderoso e transbordante era aquele ressentimento, e dar-me conta de que agora o ressentimento era meu.
>
> [...] eu havia me dado conta do peso que as pessoas brancas tinham no mundo.

É com mão firme que Baldwin rompe as fronteiras e hierarquias entre pessoal e coletivo, entre particular e universal. Autobiografia que merece esse nome é autobiografia de todo mundo, reflexão crítica que nasce do olhar sobre si mesmo e vai além dele. Baldwin filia-se a toda uma linhagem do chamado "ensaio pessoal", subdivisão do variado universo ensaístico que guarda as marcas mais nítidas de Michel de Montaigne, o inventor do gênero. O que liga o senhor de terras francês quinhentista ao menino pobre do Harlem é, além da centralidade da experiência pessoal, a forma de combinar, na escrita, vivido e pensado, ação e meditação. E, o mais importante, a busca pela "honestidade" que, conforme observa Phillip Lopate, o melhor e mais dedicado teórico do ensaio pessoal, é o próprio éthos do gênero: "Muito frequentemente a trama de um ensaio pessoal, seu drama, seu suspense, consiste em observar o quanto o ensaísta consegue deixar para trás suas defesas psíquicas para alcançar níveis mais profundos de honestidade".*

O compromisso de Baldwin em ser "um homem honesto e um bom escritor" se traduz num narrador que cultiva antes a dúvida do que a certeza e elege a hesitação e a digressão para enfrentar com desassombro todo tipo de contradição. A declarada

---

* Phillip Lopate (Org.), *The Art of the Personal Essay: An Anthology from the Classical Era to the Present.* Nova York: Anchor, 1995.

fragilidade do ensaísta constitui a força paradoxal do ensaio pessoal e o aproxima do leitor acenando com a cumplicidade do que é demasiadamente humano. "A paixão moral de Baldwin", observa Lopate, "é tanto mais verossímil por sabermos de seus conflitos com o pai e por suas confissões de raiva irracional e oportunismo." Na década de 1960, quando a temperatura ideológica iria requerer mais assertividade do que nuances, Baldwin seria mesmo acusado de *self-hate* [auto-ódio] por um dos raciocínios hiperbólicos tão comuns em *Notas*: "eu odiava e temia as pessoas brancas. Isso não significava que eu amava os negros; pelo contrário, sentia desprezo por eles, talvez por não terem conseguido produzir Rembrandt".

O ensaio em geral — e o ensaio pessoal em particular — busca uma conexão direta com o leitor, a quem se pretende conduzir por raciocínios, narrativas e digressões. Não é raro, por isso, que o ensaísta recorra à construção de diálogos, à forma epistolar ou, no caso de Baldwin, à retórica dos sermões em que se formaria. Seu estilo, observa Lopate, nasce precisamente "da excitação tonitruante, da 'chamada e resposta' típicas da igreja afro-americana" combinada com "a prosa analítica, escrutinadora e investigativa de Henry James". Essa síntese improvável, que perpassa todos os textos de *Notas de um filho nativo*, é sua originalidade. A partir dele, o ensaísmo jamais voltaria a ser branco.

Para não deixar dúvidas de que pretendia construir para si um lugar apropriando-se do que lhe fora historicamente negado, Baldwin decide batizar o livro — e renomear o ensaio que lhe seria central — como *Notes of a Native Son*. O título emula explicitamente o Henry James de *Notes of a Son and Brother*, último livro publicado pelo escritor que tanto o inspiraria. No relato autobiográfico de 1914, concluído quase dois anos antes de morrer,

James narra o início de sua carreira, as relações com o pai, os irmãos e uma prima, tendo como pano de fundo a Guerra Civil americana.

A essa sutil e irônica piscada de olho ao grande cânone ocidental, Baldwin acrescenta a referência, também explícita e ainda mais fundamental, ao *Filho nativo* de Richard Wright. Lançado em 1940,* o romance que narra a vida conturbada de Bigger Thomas, jovem negro e violento criado em Chicago, consagrou seu autor como uma espécie de porta-voz da experiência do negro americano. Mais do que isso, fez dele, intelectual filiado ao Partido Comunista e logo dissidente diante do stalinismo, uma improvável celebridade num país reacionário e racista, tornando-se o primeiro escritor afro-americano a ter um livro incluído no popular Book of the Month Club. Wright foi para Baldwin uma figura tutelar, a quem este deveu muito no início da carreira. Ainda assim, ou por isso mesmo, chegaria o momento de seguir sozinho. *Notas de um filho nativo*, título nada menos que perfeito, também é sobre isso.

"Os filhos devem matar seus pais", disse Baldwin a Richard Wright numa noitada de ferozes discussões entre o Deux Magots, um dos mais movimentados cafés literários parisienses, e um boteco martinicano no boulevard Saint-Germain. Só mais tarde Chester Himes entenderia o alcance daquela frase perdida numa noite de 1953, quando acabara de chegar à cidade onde os outros dois escritores negros já viviam. Na lembrança do autor dos policiais *O Harlem é escuro* e *A maldição do dinheiro*, Wright parecia "seguro e condescendente e cruel", e Baldwin, "pequeno e intenso e vulnerável".** O enfrentamento seria descrito em outros termos

---

* A primeira edição brasileira de *Filho nativo* sai logo em 1941, traduzida por Monteiro Lobato para sua Companhia Editora Nacional e acrescida do subtítulo *Tragédia de um negro americano*.
** Citado por James Campbell em *Talking at the Gates*, num minucioso relato

por Wright — em sua versão, o ex-pupilo gritava "Eu vou te destruir!" — e culminava em uma série de desavenças que se mostrariam cruciais para o destino deste livro e, é claro, para a obra de Baldwin.

Em 11 de novembro de 1948, quando aterrissou pela primeira vez em Paris, Baldwin saiu do aeroporto direto, sem largar as malas, para o mesmo Deux Magots. Lá foi recebido com o familiar "*Hey, boy!*" com que Wright o cumprimentava. Foi exatamente assim que, quatro anos antes, o famoso escritor primeiro se dirigiu ao jovem franzino, olhos arregalados e expressivos, que tocou a campainha de seu apartamento no Brooklyn em busca de conselhos sobre o livro que tentava escrever. Mais do que passar os olhos em *Crying Holy*, primeiro título do original que ainda seria chamado *In My Father's House* e inteiramente reescrito até virar *Go Tell It on the Mountain*, Wright apadrinhou-o para uma bolsa de criação literária que lhe rendeu preciosos quinhentos dólares e estímulo fundamental para se dedicar ao máximo à escrita.

Já instalado em Paris, num dos muitos precários hotéis em que viveria nos tempos de dureza descritos no núcleo final deste livro, Baldwin foi convidado a colaborar com a *Zero: A Review of Literature and Art*, revista literária que seria lançada na primavera de 1949. A ideia de Themistocles Hoetis, um dos editores, era publicar lado a lado dois escritores negros, um consagrado e outro novato, além de nomes como Christopher Isherwood e William Carlos Williams. Wright enviou a Hoetis o conto "The Man Who Killed a Shadow"; Baldwin, o ensaio "O romance de protesto de todos", análise impiedosa que aponta uma continuidade descon-

---

do conflito entre os dois escritores. O autor voltaria ao assunto, ainda mais detalhadamente, em *Paris Interzone: Richard Wright, Lolita, Boris Vian on the Left Bank, 1946-1960* (Londres: Minerva, 1995).

fortável entre *A cabana do pai Tomás* e *Filho nativo* como representações condescendentes e conformistas do negro na sociedade americana.

Lançado em 1852, *A cabana do Pai Tomás* foi o segundo livro mais vendido dos Estados Unidos no século xix, só ficando atrás da Bíblia.* Abolicionista militante, Harriet Beecher Stowe, sua autora, não economiza drama e piedade para narrar, a partir do personagem-título, as supliciadas vidas dos negros escravizados, produzindo litros de lágrimas e estereótipos em série — combinação de gosto duvidoso e eficácia garantida. O dócil e resignado pai Tomás seria, a princípio e por definição, o antípoda de Bigger Thomas: o protagonista de *Filho nativo* come o pão que o diabo amassou depois de acusado de assassinar a filha de seu patrão, destila ódio e luta como um animal ferido contra a sociedade racista. Baldwin enxerga-os, no entanto, como decalques de um mesmo preconceito arraigado: o negro dócil do século xix e o negro violento na década de 1940, ambos protagonistas do que define como panfletários e redutores "romances de protesto":

> Bigger é um descendente do pai Tomás, carne de sua carne, seu oposto tão exato que, quando os livros são colocados lado a lado, temos a impressão de que o romancista negro contemporâneo e a autora da Nova Inglaterra morta há tantos anos estão atracados, numa luta de morte intemporal; ela proferindo exortações implacáveis, ele gritando xingamentos. [...] a tragédia de Bigger não é ser frio ou ser negro ou estar faminto, nem mesmo ser um negro americano, e sim o fato de que ele aceitou uma teologia que lhe

---

* *A cabana do pai Tomás* foi publicado pela primeira vez no Brasil em 1893 pela Casa Editora Silva Lobo. Em 2018 ganhou edição da Carambaia com alentada fortuna crítica, organizado por Danilo José Zioni Ferretti e com tradução de Bruno Gambarotto.

nega a vida, de que ele admite a possibilidade de ser sub-humano e se sente impelido, portanto, a lutar por sua humanidade segundo os critérios brutais que herdou ao nascer.

Mal a revista saíra da gráfica, e antes mesmo de passar os olhos nela, Baldwin pôde medir a extensão do estrago ao encontrar Wright na Brasserie Lipp, outro ponto cardeal da vida boêmia parisiense. "Richard achou que eu estava tentando destruir seu romance e sua reputação", contaria ele em "Alas, Poor Richard", ensaio de tonalidade ambígua publicado depois da morte de Wright.* "Mas nem sequer havia passado pela minha cabeça que um ou outra pudessem ser destruídos. E muito menos por mim." Na cabeça do jovem escritor, Wright ocupava o lugar humanamente desproporcional de um ídolo. Baldwin reiterava, como quem se desculpasse, que *Filho nativo* só fora ali analisado por ser "o mais importante e mais celebrado romance sobre a vida do negro que havia sido publicado na América".

O rumor, a princípio restrito aos escritores exilados em Paris, logo ganharia ampla ressonância com a republicação de "O romance de protesto de todos" na *Partisan Review*, que na verdade havia encomendado o ensaio a Baldwin quando ele ainda vivia em Nova York. Ciente de que seria impossível uma reconciliação depois da controvérsia e, mais ainda, de que sua integridade intelectual não deveria ser negociada, Baldwin voltaria ao tema com "Muitos milhares de mortos". Escrito para a mesma *Partisan* dois anos mais tarde, em 1951, o novo ensaio abriu fogo ainda mais cerrado contra *Filho nativo*, analisando em detalhes a armadilha que Wright teria montado para si mesmo:

---

* Neste texto, dividido em três partes e incluído em *Nobody Knows My Name*, seu segundo livro de não ficção, de 1963, Baldwin conta detalhes de seu relacionamento com Wright.

Wright registrou também, como nenhum negro jamais fizera, a fantasia que os americanos têm em mente quando falam sobre o negro: aquela imagem fantástica e assustadora com a qual convivemos desde que o primeiro escravo sofreu os golpes de uma chibata. A importância de *Filho nativo* está nisso, e aí reside também, infelizmente, sua limitação esmagadora.

Com clareza incomum para um autor tão jovem, Baldwin apostava alto e pesado reiterando a mesma argumentação. E a edição em *Notas* desses dois textos — ao lado da crítica ao filme *Carmen Jones* — é a prova mais eloquente dessa consciência. Em 1984, em entrevista à *Paris Review*, ele associou a dupla de ensaios aos primeiros passos da busca por "um novo vocabulário e um outro ponto de vista" ao abordar a questão do negro.

Encontrar a voz própria é reconhecer heranças e examiná-las com rigor crítico para delas se libertar. E era isso que tinha em mente quando, ao lembrar Wright, reconhecia: "A única forma que eu tinha de pagar minha dívida com Richard era me tornar um escritor; com o passar dos anos esse empenho foi revelando, de forma cada vez mais clara, as profundas e irreconciliáveis diferenças entre nossos pontos de vista". Numa síntese arrebatadora, Baldwin afirma: "Ele se tornou meu aliado e minha testemunha e, ai de mim!, meu pai".

A Paris de James Baldwin também deixara de ser branca. E era muito diversa da consagrada décadas antes pela literatura da chamada "geração perdida", àquela altura já entronizada no cânone. Meses antes de Baldwin ter um primeiro endereço parisiense, Zelda Fitzgerald tinha morrido no incêndio do hospital psiquiátrico em que estava internada na Carolina do Norte. Scott fora fulminado por um enfarte em 1940 em Los Angeles, onde vivia depois de voltar da Europa, e já havia dois anos que Gertrude Stein descansava no Père-Lachaise, o aristocrático cemitério do vigésimo *arrondissement*. Ernest Hemingway se suicidaria em 1961, deixando notas esparsas do que seria o relato mais mitologizante daquele tempo e lugar, *Paris é uma festa*, publicado apenas em 1964.

"Eu não fui para Paris, eu fui embora de Nova York", diria Baldwin mais tarde, ao explicar um autoexílio de nove anos menos romântico do que poderiam sugerir os fumos literários da cidade. Não é desprezível o fato de Richard Wright ter se instalado lá, onde morreria em 1960. Antes de inspiração ou aventura, Baldwin buscava o alívio de uma sociedade mais tolerante — na qual, por exemplo, seria inimaginável não ser atendido num café ou restaurante por ser negro. Escritores e jornalistas, é certo, destacavam-se na população negra que se fazia notar em ruas, cafés e universidades, mas era considerável a presença de muitos jovens veteranos de guerra, que preferiram gastar na Europa a ajuda de custo para estudos recebida com o desengajamento. E, também, de uma leva de músicos de jazz àquela altura "descobertos" e idolatrados pelos franceses — não foi outro o destino de um jovem trompetista, Miles Davis, quando saiu dos Estados Unidos pela primeira vez, em 1949.

Com raras exceções, os expatriados viviam com mais liberdade e muito menos conforto do que nos Estados Unidos — aos olhos de um americano, mesmo pobre, era pelo menos exótico que, por exemplo, seis andares de hotel fossem servidos por um único e precário banheiro. Ainda assim, observa Baldwin, Paris continuava a ser um lugar "onde todo mundo perde a cabeça e a decência, vive pelo menos uma *histoire d'amour*, quase nunca chega a lugar nenhum na hora certa e debocha dos puritanos".

Essa tensa ambiguidade entre um imaginário exuberante e a realidade precária permeia os três textos que tematizam a cidade neste volume, "Encontro à margem do Sena" (1950), "Uma questão de identidade" (1954) e "Igualdade em Paris"(1955) — e, de forma mais sutil, o tristíssimo retrato literário que faz da cidade em *O quarto de Giovanni*, publicado em 1956. As vivências que são a substância dos ensaios parisienses servem para refletir de forma ainda mais ampla sobre a identidade: a questão do Baldwin expatriado não é apenas a de seu lugar no país onde nasceu, mas no mundo.

Duas experiências são determinantes para o terceiro e último núcleo de ensaios de *Notas de um filho nativo* e arrematam de forma irretocável o raciocínio que Baldwin quer construir no livro: a prisão relatada em "Igualdade em Paris" e as temporadas numa cidadezinha suíça que estão na origem do último ensaio do volume, "Um estranho na aldeia", publicado pela *Harper's* em 1953. Os dias que passou em celas parisienses e num confortável chalé nos Alpes formam a tábula rasa da tão familiar hostilidade contra a qual Baldwin se insurgia, dessa vez longe de seu país:

> [...] eu entrava em cada situação crucial com as vantagens mortais e um tanto desesperadas de uma percepção, dolorosamente adquirida, do orgulho e do desprezo. É terrível caminhar pelo mundo carregando essa espada e esse escudo, e a constatação de que, no jogo que estava jogando, eu me violentava num grau que o mundo, nos seus momentos de maior ferocidade, dificilmente atingiria, fora o que me fizera ir embora de Nova York. Era uma sensação estranha, naquela situação, depois de passar um ano em Paris, descobrir que minhas armas nunca mais me serviriam como antes.

A prisão ocorreu às vésperas do Natal de 1949, quando a polícia encontrou em seu quarto um lençol roubado de um outro hotel tão abjeto quanto aquele em que vivia — a roupa de cama fora de fato subtraída por um conhecido americano, que a emprestou a Baldwin e nada sofreu. Narrado com tintas tragicômicas, o enfrentamento com a polícia francesa traria uma conexão também biográfica com "Um estranho na aldeia". No exato dia em que deixou a cadeia, Baldwin conheceu Lucien Happersberger, a quem se referiria tantas vezes como "o amor da minha vida" e a quem dedicou *O quarto de Giovanni*. Com esse jovem suíço de dezessete anos não conseguiu estabelecer o relacionamento que imaginava, mas manteria uma amizade de quatro décadas. E, graças a ele, pôde passar o inverno de 1951-2 dedicado somente a escrever em Loèche-les-Bains, vilarejo perto de Lausanne.

"Não me ocorreu — talvez por eu ser americano — que existisse no mundo um lugar onde as pessoas nunca tivessem visto um negro", afirma, dando o tom da temporada passada na cidade. Nas ruas, pessoas tocavam seu cabelo e sua mão, "espantando-se ao ver que a cor dela não saía". Sua reação é de certa forma estoica — "as pessoas estão presas na história, e a história está presa nelas" — e intensamente dolorida ao experimentar na carne, ainda que de outra forma, o racismo que atravessa tempos e culturas. Baldwin chega a tentar imaginar, como exercício retórico, o que sentiram homens brancos vistos pela primeira vez num lugarejo da África. O lugar histórico do branco como conquistador inviabiliza, é claro, qualquer tentativa de comparação: "me encontro em meio a um povo cuja cultura me controla e que, em certo sentido, me criou, pessoas que me impuseram mais angústia e raiva do que elas jamais poderão imaginar, mas que no entanto nem sabem de minha existência".

Daquela primeira temporada na cidade, Baldwin levaria, além da memória dos episódios descritos no ensaio, o manuscrito final de *Go Tell It on the Mountain* — e o próprio título do livro, que lhe ocorreu depois de, apavorado, quase ter rolado encosta abaixo numa caminhada na neve com Lucien. Em 1962, quando já era uma celebridade internacional, protagonizou *Un Étranger dans le village*, documentário que o cineasta Pierre Koralnik realizou para a Radio Télévision Suisse. No filme em preto e branco, Baldwin volta à cidade, caminha pelas ruas, interage com moradores e lê em francês, com forte sotaque americano, trechos do ensaio. Na última das belíssimas tomadas em close, encara a câmera e repete a famosa conclusão do ensaio: "Este mundo não é mais branco, e nunca mais voltará a ser". Quem dizia isso era reconhecido, conforme almejava, como um homem honesto. E, naquele momento, já se tornara um escritor bem mais do que simplesmente "bom".

Só aos poucos *Notas de um filho nativo* se tornaria popular e influente. Apesar das boas críticas, a primeira edição redundou em encalhe. Meses depois, no início de 1956, *O quarto de Giovanni* teria destino diverso, sendo reimpresso seis semanas depois do lançamento. Ainda que contrariando o que se esperava de um "escritor negro", o livro protagonizado por brancos, que se passa em Paris e discute a homossexualidade, inaugurou para Baldwin um intenso período de produção ensaística e jornalística em que documentou diversas frentes do movimento pelos direitos civis. Nos anos seguintes, Baldwin encontraria Malcolm X e Martin Luther King e viajaria pelos Estados Unidos e pela Europa enquanto trabalhava em *Terra estranha*. Foi aí, nesse intervalo entre o primeiro e o segundo romance, que se firmou como ensaísta e ativista.

Reeditado em brochura em 1957, *Notas de um filho nativo* difundiu-se na medida em que Baldwin se destacava como intelectual público — o apelo era tamanho que seu segundo volume de ensaios, *Nobody Knows My Name*, chegou às livrarias com o subtítulo *More Notes of a Native Son* [Mais notas de um filho nativo]. O lançamento aconteceu no mesmo 1961 em que ativistas percorreram o Sul do país nos ônibus conhecidos como Freedom

Riders, organizando atos e debates para que fossem cumpridas as leis que determinaram ser inconstitucional a segregação racial no transporte público. Em 1963, ano em que Luther King proferiu o célebre discurso "I Have a Dream" na manifestação por empregos e liberdade, em Washington, Baldwin publicou *The Fire Next Time* e foi capa da *Time* sob o título "Birmingham e além: A pressão dos negros por igualdade".

Foi a voz potente e hipnótica do Baldwin ensaísta* que voltou a ecoar em todo o mundo com o lançamento, em 2016, de *Eu não sou seu negro*. Baseado em notas para *Remember This House*, livro que não chegou a ser escrito, o documentário de Raoul Peck, indicado ao Oscar em 2017, dava notável forma cinematográfica ao tipo de ensaio que marcou o autor. Nos textos, uma colagem de notas inéditas e fragmentos de textos publicados, Baldwin fala do movimento pelos direitos civis, a grande causa pública de sua vida, a partir da amizade com Medgar Evers, Malcolm X e Luther King, os três líderes assassinados entre 1963 e 1968. Nas imagens de arquivo, destacam-se flagrantes de sua impressionante oratória em momentos cruciais da década de 1960. Ainda que padecendo de organicidade, a colagem de trechos lida por Samuel L. Jackson emula os movimentos do particular ao geral que são a marca dos ensaios pessoais nascidos em *Notas de um filho nativo*.**

Se o filme mimetiza na forma o estilo de Baldwin, é também consoante com sua atuação pública ao se conectar com o Black

---

* *The Fire Next Time* (1963) fecha uma trilogia ensaística essencial na obra de Baldwin. Ainda viriam *No Name in the Street* (1972), *The Devil Finds Work* (1976), *The Evidence of Things Not Seen* (1985) e a antologia *The Price of the Ticket* (1985). Ensaios dispersos foram recolhidos postumamente em *The Cross of Redemption* (2010).

** O processo criativo de Raoul Peck, bem como o roteiro original de *Eu não sou seu negro* estão no volume do mesmo nome publicado pela Vintage em 2017.

Lives Matter, movimento deflagrado nos Estados Unidos em 2013 como reação à absolvição de um segurança que, um ano antes, assassinou a tiros o jovem negro Trayvon Martin, de dezessete anos, na Flórida. Desde então, o BLM protagoniza ações denunciando a execução sistemática de jovens negros por forças de segurança públicas e privadas. Movimento descentrado, sem organização hierárquica, abrigou em suas atividades o tocante projeto Praying with James Baldwin [Orando com James Baldwin], que organiza jornadas de leituras das "últimas palavras" de jovens assassinados entremeadas com trechos de ensaios, romances, contos, peças e poemas do autor como inspiração para atos de resistência e denúncias.

A posteridade de James Baldwin pode até sugerir, na segunda década do século XXI, um tranquilo reconhecimento de suas ideias e sua visão de mundo. Além do documentário, a série *Cara gente branca*, derivada do filme homônimo de Justin Simien, faz diversas referências a ele e traz nos letreiros de abertura do primeiro capítulo um trecho de seu famoso discurso "A Talk to Teachers". E, em 2018, pela primeira vez um de seus romances chega ao cinema, a adaptação de Barry Jenkins para *Se a rua Beale falasse*. Nem sempre, no entanto, Baldwin foi celebrado. E não é exagero lembrar que já aconteceu justamente o contrário: em determinado momento, seu nome foi mais problema do que solução para o ativismo afro-americano.

A radicalização que marcou a luta pelos direitos civis na segunda metade dos anos 1960 era de certa forma estranha à personalidade Baldwin — e tampouco seu enfoque das questões do negro era aceito com grupos como, por exemplo, os Panteras Negras. Para resumir de forma redutora uma rede de intricados debates, o que parte estridente da militância via em sua ensaística era uma vasta gama de condescendência em relação aos brancos, que teria origem num desejo puro e simples de integração e se radicalizaria como *self-hate*. A muitos incomodava o "nós", necessariamente inclusivo, que permeava as mais graves denúncias da opressão branca e suas consequências.

Num ensaio de 1992, Henry Louis Gates Jr. sintetizou as críticas mais recorrentes. Todas elas, sustenta, se deviam a uma sutil mudança de posicionamento do próprio autor. Em entrevistas e ensaios Baldwin sempre reivindicou para si a posição de um escritor que fosse mais "testemunha" das iniquidades do que "porta-voz" de uma causa. As sutilezas e contradições que fazem sua originalidade de ensaísta têm origem, como ele mesmo dizia, "no testemunho de onde venho, de onde estou, do que vi e das possibilidades do que penso ver". Já o lugar de um porta-voz, ainda nas palavras do próprio, "presume estar falando por outros e eu nunca presumi isso, nunca presumi que pudesse fazer isso".* Era inevitável, argumenta Gates, que a temperatura política e a acuidade de suas interpretações lhe impusessem a função indesejada de porta-voz. E, também, que ele terminasse por assumi-la. "Baldwin era capaz de dramatizar a tensão entre estes dois modelos, especialmente em sua ficção, mas nunca conseguiu resolvê-la", observa. "Um porta-voz deve ter pulso para dominar seu lugar e uma mensagem sem ambiguidades para articular. Baldwin não tinha uma coisa nem outra."**

Gates lembra que, no final dos anos 1960, desqualificar Baldwin era uma espécie de "rito de iniciação" no movimento dos direitos civis. O mais célebre e citado ataque viria de Eldridge Cleaver, o ministro da Informação dos Panteras Negras, que no

---

* Baldwin em entrevista a Julius Lester para o *The New York Times Book Review*, reproduzida em *James Baldwin: The Last Interview and Other Conversations* (Nova York: Melville House, 2014).
** Henry Louis Gates Jr., "The Fire Last Time", em: *James Baldwin: Bloom's Modern Critical Views*.

ensaio "Notes on a Native Son" não só o acusa de *self-hate* como o condena com argumentos abertamente homofóbicos — "a homossexualidade é uma doença, assim como o estupro de bebês ou o desejo de se tornar presidente da General Motors".* Nas mesmas bases, o poeta e ativista Amiri Baraka referia-se a Baldwin como uma "Joana d'Arc de coquetel", e Ishmael Reed, também poeta, considerava-o "uma prostituta que posa como Jó". Era comum, principalmente entre os jovens, o apelido "Martin Luther Queen".

Na descrição de Gates, Baldwin reagia às críticas tranquilamente, com "uma magnanimidade voluntária e perversa" que terminava, na prática, por diminuí-lo. Em pouco tempo, seria escanteado como um ativista anacrônico e, em seus anos finais, lamentava ter perdido um status que, no fundo, jamais procurou ter. Para o crítico e historiador, o trecho que se segue, da coletânea *The Price of the Ticket*, poderia fazer crer, em 1992, que Baldwin ainda teria uma nova vida intelectual:

> Cada um de nós, ineluctavelmente e para sempre, contém o outro — masculino no feminino, feminino no masculino, branco no negro e negro no branco. Muitos de meus compatriotas parecem achar esse fato inconveniente demais e até injusto, o que até eu às vezes também acho. Mas nenhum de nós pode fazer nada contra isso.

Não se trata, é claro, de um improvável exercício de futurologia, mas da leitura atenta da contingência inseparável da prática do ensaio e daquilo que dela advém. Ganha-se, é óbvio, em imediatez, na escrita que atua sobre o mundo e lhe dá respostas rápi-

---

* Eldridge Cleaver, *Soul on Ice*. Nova York: Delta, 1999. [Ed. bras.: *Alma no exílio*. Trad. de Antonio Edgardo S. da Costa Reis. Rio de Janeiro: Civilização Brasileira, 1971.]

das, na exata noção do que modifica pelo que se pensa. Perde-se, na perspectiva do tempo, a "atualidade", aqui entre aspas, porque o descompasso entre o momento de publicação e a posteridade pode deixar marcas não exatamente positivas no que se escreve. Baldwin esteve em baixa. Hoje está em alta. Uma e outra são relativas, pois no fiel da balança está a obra de quem escreveu na pedra fundamental de sua ensaística este *Notas de um filho nativo*: "Eu sou o que o tempo, a circunstância e a história fizeram de mim, certamente; mas sou também muito mais que isso. Eu e todos nós".

Um perfil de James Baldwin

Márcio Macedo

James Arthur Baldwin foi o grande inovador da literatura afro-americana entre os anos 1950 e 1970, tornando-se uma referência de seu tempo ao lado de figuras como Truman Capote, John Updike e Philip Roth. Tendo como uma de suas principais influências Henry James (1846-1913), a ponto de ser chamado de "Henry James do Harlem", Baldwin foi romancista, ensaísta, poeta e dramaturgo, além de ativista político. Sua obra tem sido recuperada por filmes, livros e reedições que continuamente evidenciam sua contribuição na elaboração de uma subjetividade multifacetada e complexa: negra, gay, masculina, intelectualizada, urbana e cosmopolita. Publicou em vida mais de vinte livros, distribuídos entre romances, ensaios, peças de teatro, poemas e contos.

Nascido no Harlem, bairro negro de Nova York, em 1924, Baldwin pertencia a uma família pobre e religiosa que tinha raízes no Sul dos Estados Unidos.* Um médico do Harlem Hospital

---

* Para uma biografia, ver D. Leeming, *James Baldwin: A Biography*. Nova York: Arcade, 1994.

disse à sua mãe, Emma Berdis Jones, que, devido ao seu aspecto frágil, ele não viveria mais do que cinco anos. Três anos após o nascimento do filho, sua mãe, que havia abandonado o pai biológico do menino ainda grávida, se tornou Emma Berdis Baldwin ao se casar com o reverendo David Baldwin, um pastor moralmente rígido e descrente em relação aos brancos, com os quais mantinha uma relação de desconfiança, ódio e subserviência. Os dois tiveram mais oito filhos, além de James e de um primeiro filho de David, três anos mais velho. Embora considerasse o reverendo seu pai, quando pequeno James era tratado por ele com desdém, e essa relação acabaria se tornando o leitmotiv da sua produção literária.

Seu talento para a escrita foi notado logo cedo. Ele estudou na Public School 24, onde, estimulado pelos professores, escreveu peças de teatro. Anos depois, foi para a Frederick Douglass Junior High School. Nessa escola, teve aulas de poesia com Countee Cullen, poeta vinculado ao Harlem Renaissance nos anos 1920 e formado pela Universidade de Nova York. Cullen e outro professor, Herman Porter, formado em Harvard, tiveram papel importante na trajetória de Baldwin, estimulando-o a encarar os estudos com seriedade. Seguindo sugestão de Cullen, Baldwin se candidatou a uma vaga na DeWitt Clinton High School, no Bronx, uma escola somente para garotos famosa pela qualidade de ensino. Ao ser admitido, Baldwin entrou em contato com um ambiente composto majoritariamente por jovens judeus oriundos de famílias com orientação política de centro-esquerda, apoiadores do programa de recuperação econômica do presidente Roosevelt — o New Deal — e da causa negra. Baldwin trabalhou na revista literária da escola, *The Magpie*, e ali fez amigos, a maior parte deles brancos e judeus, que se tornaram seus pares intelectuais.

Entre os catorze e os dezessete anos, Baldwin foi pastor mirim na Assembleia Pentecostal de Fireside, tendo decorado trechos da Bíblia e conduzido cultos para uma quantidade de fiéis nunca antes vista por seu pai na época de ministério. Para ele, a religião e a leitura eram um refúgio dos problemas vivenciados em casa. A formação intelectual na escola e o grupo de amigos com quem convivia suscitavam, cada vez mais, questionamentos em relação ao pai, à religião e à sua sexualidade. Seguindo a sugestão de seu amigo e colega de escola judeu Emile Capouya, Baldwin visitou o artista plástico Beauford Delaney. Artista negro e gay vinculado ao Harlem Renaissance nos anos 1920 e morador do Greenwich Village — a área boêmia, artística e intelectual de Nova York —, Delaney tornou-se seu mentor, introduzindo o jovem no universo artístico. Foi justamente nesse período que Baldwin resolveu abandonar a religião. Posteriormente, mudou em definitivo para o Village.

O autor viveu períodos difíceis devido à ausência de recursos, à insanidade do pai e à necessidade de cuidar da família. Nesse período, afastou-se da literatura e chegou a duvidar da possibilidade de se tornar escritor. Com a morte do pai, em 1943, a situação se agravou. Baldwin fez bicos em restaurantes no Village e começou a trabalhar em revistas como a *Nation*, elaborando resenhas semanais de livros. A atividade possibilitou a Baldwin que aperfeiçoasse suas ideias e desenvolvesse seu estilo de escrita. Ele chegou a fazer cursos na The New School, onde conheceu o ator Marlon Brando, que na época estudava artes cênicas. Mas Baldwin nunca cursaria o ensino superior. A vida tumultuada, as incertezas, os impedimentos financeiros, as desilusões amorosas e a dificuldade de avançar no seu primeiro romance levaram-no a considerar o suicídio, tema recorrente em suas obras. Foi nesse contexto que decidiu deixar os Estados Unidos e, seguindo a trilha de outros escritores, intelectuais e artistas, como seu mentor Richard Wright, se autoexilou em Paris em 1948.

Os dois primeiros livros de repercussão de Baldwin retratam questões vivenciadas na infância e na juventude, como religião, raça e sexualidade. Em *Go Tell It on the Mountain* (1953), romance de formação semibiográfico, a religião, elemento fundamental na experiência societária afro-americana, é abordada a partir de seu papel de organizador social da vida negra nos Estados Unidos e, por outro lado, sua submissão em diversos contextos. Esse paradoxo pode ser percebido ao acompanhar no livro a trajetória de John Grimes, alter ego de Baldwin. Na estética literária do autor, sagrado e profano se envolvem e se rearticulam, produzindo situações que explicitam os impasses, as desigualdades, as injustiças, a resiliência e até mesmo a comicidade vivenciadas por afro-americanos cotidianamente. *Notes of a Native Son* (1955), por sua vez, descreve a relação conflituosa com o pai e a tomada de consciência racial do autor. A morte do pai revela uma dolorosa interseção entre biografia e história mediada pela raça. A ilegitimidade existente na relação entre Baldwin pai e Baldwin filho, nunca abertamente discutida, mas constantemente sugerida, faz alusão no ensaio à ilegitimidade com a qual os Estados Unidos tratavam os afro-americanos.

Baldwin ganharia ainda mais notoriedade com o segundo romance, *O quarto de Giovanni* (1956), que aborda temas como homossexualidade, exílio e crise existencial através da experiência de David, um americano em Paris que acaba se apaixonando e se envolvendo com um bartender italiano chamado Giovanni.

Em 1957, em meio ao crescimento do movimento pelos direitos civis, Baldwin voltou para os Estados Unidos e se tornou uma voz entre os dois polos ideológicos do movimento negro americano da época — Martin Luther King e Malcolm X. Com fama e influência no meio intelectual e artístico, ele conseguiu levar uma série de celebridades brancas e negras para as fileiras do movimento. O ensaio "Letter from a Region in My Mind", parte do livro *The Fire Next Time* (1963) e publicado primeiramente na *New Yorker*, em 1962, tematiza a difícil relação dentro da comunidade afro-americana entre, de um lado, os cristãos representados por Martin Luther King Jr. e, de outro, o crescente número de muçulmanos negros vinculados à Nação do Islã, de Malcolm X e Elijah Muhammad. O texto rendeu a Baldwin a capa da *Time* no ano seguinte, quando o autor excursionava pelo Sul do país em favor do movimento pelos direitos civis e contra a segregação racial vigente naqueles estados.

Dentro da comunidade afro-americana, Baldwin ocupava uma espécie de não lugar, sendo objeto de desconfiança devido à sua ambivalência sexual. A dificuldade de conexão com o universo afro-americano pode ser verificada na complicada relação de Baldwin com Malcolm X e, posteriormente, com os Panteras Negras. Eldridge Cleaver, que se notabilizaria como ministro da Informação do grupo, escreveu na prisão em 1965 uma série de ensaios revolucionários que viriam a ser publicados sob o título de *Soul on Ice* (1968).* Um dos textos, intitulado "Notes on a Native Son", é um ataque extremamente violento e homofóbico a James Baldwin.

O estilo descritivo, crítico e apurado de Baldwin viria a tomar forma mais evidente em *Terra estranha* (1962), através da articulação das temáticas de raça, sexualidade e questões de classes na cena artística e intelectual nova-iorquina. Na trama, um grupo de amigos, negros e brancos, convivem em um universo alternativo de relativa tolerância racial. Até que o envolvimento de Leona, uma sulista branca recém-chegada a Nova York com Rufus, um músico de jazz, põe em xeque a representação de masculinidade no grupo, os limites dos relacionamentos inter-raciais e a vitalidade do racismo, mesmo em uma cidade liberal e cosmopolita como Nova York.

---

* Ed. bras.: *Alma no exílio*. Rio de Janeiro: Civilização Brasileira, 1971.

Em 1974, ano da publicação de *Se a rua Beale falasse*, tanto Malcolm X como Martin Luther King Jr. já haviam sido assassinados. Os Panteras Negras estavam sendo dizimados por uma perseguição implementada pelo diretor do FBI à época, J. Edgar Hoover. O Cointelpro, programa de contrainteligência conduzido por Hoover, infiltrava informantes e agitadores no partido, promovendo a difamação e até mesmo a execução de lideranças. Inserido nesse contexto, o romance de Baldwin conta a história de Tish e Fonny, um jovem casal que ainda vive com os pais no Harlem. Tish está grávida e Fonny é acusado por um policial de ter estuprado uma mulher. O enredo evidencia a dificuldade das duas famílias de se manter unidas diante das adversidades que advêm do racismo. *Se a rua Beale falasse* é uma história de amor entre pessoas comuns que tentam manter a serenidade e a esperança em uma sociedade que não oferece quase nenhum reconhecimento social ou igualdade para os negros.

James Baldwin faleceu em 1º de dezembro de 1987 em Saint-Paul-de-Vence, na França, vítima de um câncer no estômago. Sua literatura influenciou a produção de uma série de autores e autoras negros mais recentes, como o escritor nigeriano Chinua Achebe (1930-2013), a ganhadora do Nobel de Literatura Toni Morrison, o artista plástico afro-americano Glenn Ligon, a romancista britânica Zadie Smith e muitas outras personalidades do universo artístico, intelectual e ativista negro de dentro e de fora dos Estados Unidos. Em 2016, um ano antes do aniversário de trinta anos da morte de Baldwin, foi lançado o documentário *Eu não sou seu negro*. Dirigido pelo cineasta haitiano Raoul Peck, ele registra debates, apresentações e seminários dos quais o autor participou entremeados com a leitura de um manuscrito inacabado intitulado *Remember This House*, no qual Baldwin relembra os assassinatos de Medgar Evers (1925-63), Malcolm X (1925-65) e Martin Luther King Jr. (1929-68).

Recentemente, o autor tem sido retomado justamente na sua articulação entre raça e sexualidade, em livros que tematizam o racismo, a homofobia, a misoginia e a divisão de classes, tão presentes entre negros e brancos, nos Estados Unidos e no Brasil.

ESTA OBRA FOI COMPOSTA EM MINION PELO ACQUA ESTÚDIO E IMPRESSA
PELA GRÁFICA SANTA MARTA EM OFSETE SOBRE PAPEL PÓLEN SOFT
DA SUZANO S.A. PARA A EDITORA SCHWARCZ EM SETEMBRO DE 2020

A marca FSC® é a garantia de que a madeira utilizada na fabricação do papel deste livro provém de florestas que foram gerenciadas de maneira ambientalmente correta, socialmente justa e economicamente viável, além de outras fontes de origem controlada.